特別支援教育

子どもの強み \をいかした/ オーダーメイド 教材200

 いるかどり 著

明治図書

はじめに

　本書を手に取っていただき，誠にありがとうございます。

　この本は，子ども達に「もっと楽しく学んでほしい。できた喜びやわかった喜びを感じてほしい」と願い，教材研究に励む人が「子ども達の強みを最大限にいかすことで，教材や学びを創造していく」ことを目指して書いた本です。

人生において

　生きていく上で一番大切な「強み」とはなにか。それは，自分のことを好きでいることです。

　自分を好きでいるということは，生きていく力があるということです。

　では，どうやって自分を好きになるのか。

　好きな人にたくさん褒めてもらい，笑顔で関われる先生がいる。（人的環境）
　好きなものにたくさん触れ，繰り返し学ぶことができる教材がある。（物的環境）
　好きな場所でたくさん過ごし，安心できる居場所がある。（空間的環境）

　あたたかく肯定的な環境であればあるほど，子ども達の知的好奇心は向上し，意欲をもって新しい学びにチャレンジすることができます。
　生活や学習の中に選択肢があり，自己決定できる環境であればあるほど，主体的に過ごす経験が増え，責任感をもって生活・学習することができます。
　柔軟で安心できる環境であればあるほど，子ども達は諦めず，投げ出さず，最後までやり遂げようとします。

　そういった環境の中で，生活・学習することができた子ども達は，自分を好きになることができます。自分を好きになれた子ども達は，自分を大切にしようとします。自分を大切にできる子ども達は，将来の夢をもち，学習する時間は一生懸命に学ぼうとします。

　学びを創造するということは，子ども達の人生を創っていくことにつながっています。

「強み」とはなにか

　本書では，「強み」について幅広い視点から考えています。

　好きな色，好きな動物，好きな乗り物，好きな食べ物など「好き」なこと。

　サッカー名人，昆虫博士，硬筆の字体が整っている，走るのが速いなど「得意」なこと。

　名前を知っている，見たことがある，聞いたことがあるなど「経験して覚えている」こと。

　色を識別できる，数を数えることができる，漢字が書けるなど「できる」こと。

　好きなこと，得意なこと，知っていること，できること，それが「強み」です。

　また，発達検査や知能検査等のフォーマルアセスメントで得た情報も大切です。教材を作成する際には，様々な情報を参考の1つとして考えていきます。

　そんな，子ども達の強みを取り入れてつくられた「オーダーメイド教材」の学習効果は，子ども達の姿を見れば一目瞭然です。ぜひ，子ども達の「強み」を学びに取り入れてみてください。

　本書で紹介する教材アイデアが，少しでもお役に立てたら嬉しいです。

　今日も，目の前の子ども達のために，書店を巡り，インターネットで検索をして，本書を手に取り，子ども達のために教材を探している。

　私は，そんなあなたのことが大好きです。

　どうか自信をもってください。自信とは，自分を信じることです。

　今，まさに行動している自分を信じてあげてください。

　そして，自分を好きでいてください。

　学び続ける先生がそばにいる。あなたがそばにいる。子ども達は，それだけで幸せです。

　どうか，これからも，すべては子ども達の笑顔のために，学びを創造していきましょう。

著者　いるかどり

本書の使い方

　私達が教材を手づくりする一番の理由は，目の前の子ども達の「強み」を最大限に引き出すことができるからです。強みを引き出すためには，これまでの記録や現在の姿を丁寧にアセスメントすることから始まります。背景要因を想像し，教材を作成し，学びを創造していく。一人ひとりの実態に合わせた教材をオーダーメイドすることを大切にしています。

1つの困り感から4つの教材アイデアを紹介

　本書で紹介する教材は，これまでに実際に出会った子ども達と相談をしながら一緒に作成してきた教材です。「マスの中に字を書くことが難しい」と，言葉で書くと同じですが，一人ひとり背景要因も違えば，生活年齢や発達段階も違います。興味関心や集中できる時間，手のひらのサイズや着席の姿勢など，丁寧にアセスメントすればするほど，困り感が同じではないことがわかります。ぜひ，「目の前にいるあの子だったら」と想像をしながら，「どんなアレンジをすると意欲的に学ぶことができるかな？」という視点でお読みください。

めあてを明確化する

　子ども達が見通しをもって学ぶためには，「めあてを明確化する」ことが重要です。あれもこれもと複数のめあてを設定したくなりますが，「この時間でなにを学ぶのか？」「この教材でどんな力をつけたいのか？」とめあてを明確化することが大切です。また，学習の流れをシンプルにすることも大切です。準備や片付けが大変な教材ばかりになってしまうと，学習時間が短くなってしまうので，教材を収納するケースや場所など，パッと取り出せて，すぐに学びに入ることができるように，環境を構造化しましょう。

必ず教材を使用する本人（当事者）と相談する

　私達がよかれと思って作成した教材でも，実は，本人にとっては学びづらいこともあります。視覚情報であれば色合いや文字の大きさに配慮する。触覚であれば使用する素材に配慮するなど，必ず教材を使用して学ぶ本人と相談をすることが大切です。プリントであれば，問題数や背景色を，子どもの実態に合わせてアレンジするだけでも，学びやすくなります。

障害（診断名）のための教材ではなく，その子のための教材

　「漢字が書けない」「計算ができない」など，これらの「〜ができない」という評価は，教師が無意識のうちに基準を設け，子ども同士を個人因子で比較してしまっている場合に「できない」という表現になってしまいます。そして，困り感がある子に対して，「〜障害だからね」など，診断名のみにフォーカスされているケースを目にすることが多いです。「〜障害に有効な学習・教材」ではなく，一人ひとりの実態と環境を丁寧に把握し，「その子のための学習・教材」をオーダーメイドしていくことが大切です。

獲得した力の「般化」を目指すこと

　すべての子ども達の将来の自立と社会参加を目指していくために必要なことは，獲得した力を様々な生活・学習場面で応用することです。そして，様々な教材に触れ，問題を解き，成功体験を積み重ねることができるように，1つだけの教材を長期間使用するのではなく，子ども達の成長に合わせて，難易度の調整やデザインの見直しなど，アップデートしましょう。

教材をオーダーメイドする

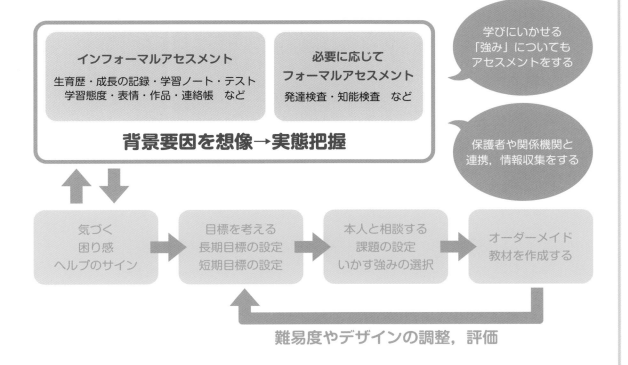

CONTENTS

オーダーメイドの指導と教材200

自立活動

国　語

算 数

図画工作

日常生活の指導

オーダーメイドの指導と教材200

色を知る
生活にあるものと色をマッチングさせる学習

 果物透明カラーシート
強み　ブドウやイチゴなど果物を知っている

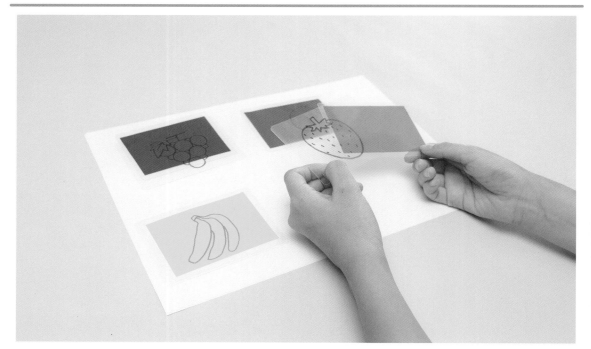

指導の流れ

①ブドウやイチゴなど，知っている果物を教
　師に伝える。

②教師が果物の絵を透明シートに描く。

③透明の紫シートや赤シートを果物の絵の上
　に重ねる。

④「イチゴは，赤い」など，果物と色を確認
　する。

みとりのポイント

　絵を描くときなど，子どもが意図していな
いのに，色の選択が混ざってしまい，最終的
に真っ黒な絵になってしまう，生活の中で，
「赤いものをとってきて？」などの指示を理
解することが難しい，などの苦手さが見られ
る場合に，色の学習をします。

教材のつくり方

・透明シートに果物を描く。

・カラーセロハンを用意して重ねる。

オーダーメイドのポイント

　透明シートは，ラミネート用紙を活用する
と簡単に作成できます。色のついたカードは，
100円ショップでも販売されています。子ど
もの実態に応じて，カラーセロハンを活用す
るなど，カードの硬さを調整します。

002 アレンジ① **果物は何色だ**
強み　お皿の上に紙を載せることができる

教材の主な材料

・紙皿　・画用紙　・絵の具　・色ペン

オーダーメイドのポイント

　色がついている紙皿の上に生活経験で知っている果物の絵を載せていきます。ステップアップする際には，イチゴ（赤）やりんご（赤）やサクランボ（赤）など，複数の赤い果物を用意します。

 003 アレンジ② **同じ色を貼ろう**
強み　シールを貼ることが好き

教材の主な材料

・白紙　・色シール　・黒ペン

オーダーメイドのポイント

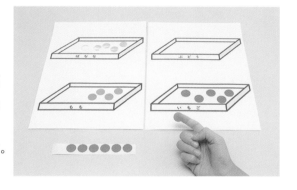

　教師と子どもが会話をしながら色シールを貼っていきます。写真では，ひらがなで果物の名前を書いていますが，枠の中に果物の絵を描くなど，子ども達の実態に合わせて作成をします。

 004 アレンジ③ **何色で描こうかな**
強み　様々な筆記用具を使うことが好き

教材の主な材料

・色鉛筆　・色ペン　・色クレヨン　・白紙

オーダーメイドのポイント

　色鉛筆や色ペンなど，描き心地（触覚）が違う筆記用具を使用することで，楽しみながら集中を持続させて学習できることがあります。絵を描いたり，色を塗ったりして，色と色の名前をマッチングさせていきます。

自立活動

色を知る

色とつまむ
色を識別する学習

色を分けながら，つまむ運
動を学びたい子

色分けペットボトル
強み 穴の中に，もの（フェルトボールやビー玉など）を入れることが好き

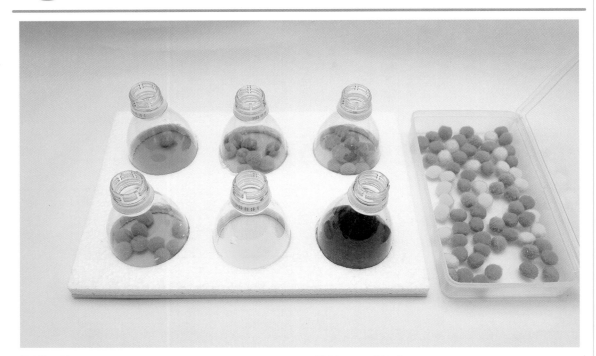

指導の流れ

①子どもの知っている色を確認する。

②取り組むフェルトボールの量を決める。

③指でつまんで色ごとに分けてペットボトル
へ入れていく。

④すべて入れたら教師に伝える。

みとりのポイント

　指先の細かい運動に苦手さが見られる場合
や色の識別に時間がかかる場合などに，色の
識別を繰り返し学習することができるようフ
ェルトボールを活用してアプローチします。

教材のつくり方

• 子どもの知っている色のフェルトボールを
選ぶ。

• ペットボトルを半分に切り，上の部分を使
用する。

• 発泡スチロール板に，ペットボトルのサイ
ズの穴を開ける。

• 使用するフェルトボールと同じ色の色紙を
穴に敷いて，ペットボトルを被せる。

オーダーメイドのポイント

　ペットボトルを取り外しできるようにする
と片付けが簡単になります。

006 アレンジ① お花屋さん
強み お花が好き，かわいいデザインが好き

教材の主な材料

- ハンドメイド用お花パーツ
- ガラスの瓶

オーダーメイドのポイント

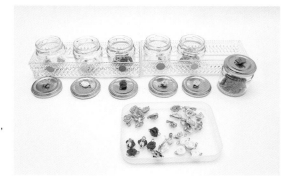

　お花や花瓶をイメージし，ガラスの瓶を使用して教材を作成しました。ガラスの瓶の蓋には，使用するお花をつけることで，わかりやすくしました。

007 アレンジ② キーフォルダー屋さん
強み 輪っかや揺れるものが好き

教材の主な材料

- ネームフォルダー　・小さいフック
- すのこ　・粘着テープ

オーダーメイドのポイント

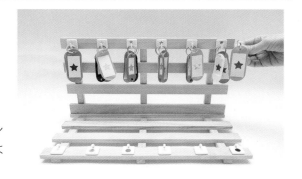

　目線を上げて取り組むことができるように，すのこに小さいフックを貼りつけて作成しました。首の角度や背筋を伸ばして学習ができるようにする際にも効果的です。

008 アレンジ③ 輪ゴム屋さん
強み ゴムの引っ張られる感覚が好き

教材の主な材料

- トイレットペーパーの芯
- 色のついている輪ゴム　・色ビニールテープ

オーダーメイドのポイント

　トイレットペーパーの芯の両端に色ビニールテープを貼ることで耐久性を上げました。様々な切り口にすると輪ゴムを引っ掛けるバリエーションが増えて楽しく学習できます。

自立活動　色とつまむ

色で遊ぶ
指示を聞き，色を見て考え，指示された位置へ置く学習

009 紙コップ釣り
強み モールや紙コップなど素材の名前を知っている，釣りが好き

指導の流れ

①教師「青い釣竿を持ちます」など，手に持つモールの色を聞き，子どもがモールを持つ。

②教師「黄色の紙コップを黄色の上に置きます」など，指示を聞きながら置いていく。

みとりのポイント

　色の識別はできるようになったけれど，複数の指示があると混乱してしまう，教材や学習内容が変わると混乱してしまう，などの姿が見られる場合には，シングルタスクで，教師と会話をしながら学習を進めていきます。

教材のつくり方

• 紙コップに穴を開けてモールを通す。

• モールを操作しやすい長さに切り，釣竿のように先端を曲げる。

• スチレンボードなどの平らな板の上に紙コップのサイズに合わせて切った色画用紙を貼る。

オーダーメイドのポイント

　土台が薄いと不安定になってしまうため，安全で厚みのあるスチレンボードで作成しました。モール同士であれば，摩擦力が強くなり，釣る動きを楽しむことができます。

010 アレンジ① **コロリンのおうち** ＊コロリンは，目玉のついている教材の名前

強み　目玉がついたものを生き物のようにかわいがることができる

教材の主な材料

- ハンドメイド素材（お花ビーズや目玉）
- ペットボトルの蓋　・フェルトボール大
- ダンボール紙

オーダーメイドのポイント

　フェルトボールに目玉をつけたことで，揺らしてみたり，名前をつけてみたり，楽しく学習することができます。

 011 アレンジ② **お花おはじきならべ**

強み　ひらがなを読むことができる

教材の主な材料

- ホワイトボード　・お花マグネット
- 黒マスキングテープや黒ペン
- ひらがなで書いた位置の見本表

オーダーメイドのポイント

　位置の見本表を見ながらお花マグネットを置いていきます。間違っても簡単に修正できるようにマグネット素材を採用しました。

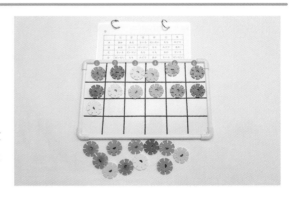

 012 アレンジ③ **色紙コップ置き**

強み　操作するものの土台に色がついていると理解できる

教材の主な材料

- 紙コップ　・色画用紙
- スチレンボード

オーダーメイドのポイント

　教材番号009では，釣るような動きにしましたが，「手で掴む」操作を促したい子ども向けに，紙コップそのものに色をつけて学習できるようにアレンジしました。

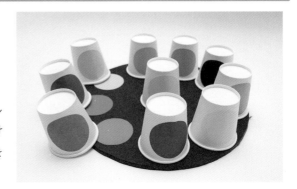

自立活動　色で遊ぶ

形を分ける
円，四角形，三角形などを識別する学習

013 かたち棒
強み　木平棒をさしたり，並べたりすることができる

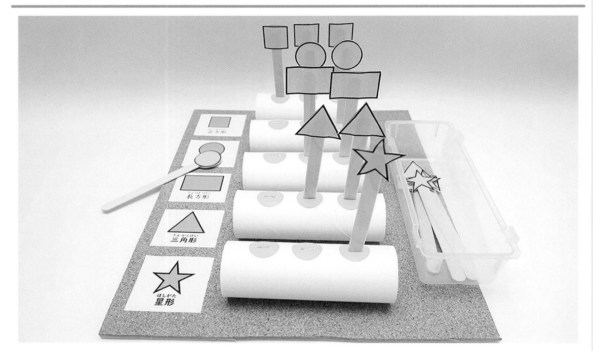

指導の流れ

①子どもが円，四角形，三角形などの形について，見て識別できるかを確認する。

②教師と一緒に見本の形を確認する。

③見本の形と同じ形をトイレットペーパーの芯に並べて，さしていく。

みとりのポイント

　円や四角形などを描くことはできるが，視覚情報だけで識別することが難しい場合には，近くで見る，立てて見る，比べて見るなど，操作をすることで視覚情報を支援できるように作成をします。

教材のつくり方

• 円や四角形などの形は，ラミネートすると耐久性を上げることができる。

• 木平棒に円や四角形などの形を貼っていく。

• トイレットペーパーの芯にシールを貼り，長方形の穴を開ける。

• 土台に見本の紙を貼る。

オーダーメイドのポイント

　操作をする木平棒は，両面に形をピッタリ貼ると，裏表がなくなるので，子ども達が学習しやすくなります。

アレンジ① スポンジ三角形

強み キュッキュ，ふわふわ，などの触感が好き

教材の主な材料
- スポンジ ・黒ペン
- 白紙やトレイなどの形教材を置くもの

オーダーメイドのポイント

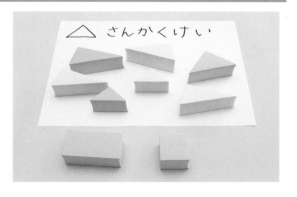

　スポンジを触るように，潰してみたり，転がしてみたり，安全に楽しく学習できます。しかし，柱体の教材が転がると，面によっては四角形になるので置き方に配慮します。

アレンジ② ザラザラ三角形

強み ザラザラ，サラサラした触感が好き

教材の主な材料
- コルクボード ・マグネット
- 木の板 ・画用紙

オーダーメイドのポイント

　厚みがある素材で，ザラザラした触感やサラサラした触感で触覚にアプローチしながら学ぶ教材です。辺や頂点の数に注目できるよう声かけをすると効果的です。

アレンジ③ 同じ形入れ

強み たくさん教材を操作する学習ができる

教材の主な材料
- 色画用紙 ・黒ペン

オーダーメイドのポイント

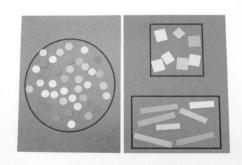

　土台となる色画用紙については，太い線で円や四角形などを描きます。どんな色や大きさでも，形に注目して識別ができるように，操作する画用紙は，様々な色を使い，様々な大きさで作成をしていきます。

形を描く
見本と同じ形を描く学習

017 砂に指でかける君
強み　砂を触ることが好き

指導の流れ

①教師と学習する形を確認する。

②子どもが砂に見本の形を指で描く。

③黒い色が見えるまで形を描いていく。

④間違ったらお皿を揺らしたり，砂をかけたりして修正をする。

⑤形が見本と同じになったら，教師に伝える。

みとりのポイント

　鉛筆で書く→消しゴムで消す，の繰り返しにストレスを感じている場合，校庭などで砂をいじることが好きな場合などに効果的です。

教材のつくり方

• 見本を色画用紙などに描き，立てて見やすい環境にする。

• お皿の底に黒画用紙を敷く。

• 白い砂を適量（指でなぞったときに黒画用紙が見える量）お皿に入れる。

オーダーメイドのポイント

　白い砂は，ホームセンターの園芸用品コーナーに陳列されていることが多いです。砂で遊ぶことが好きな場合には，様々な素材の砂があると触覚を楽しむことができるので効果的です。砂と画用紙は，反対色にします。

018 アレンジ① **ねんどで形をかくさん**
強み　ねんどが好き

教材の主な材料

• 色画用紙　• 黒ペン　• ねんど　• ねんど板

オーダーメイドのポイント

　学習した形を作品として残したい場合は，紙ねんどを使用します。繰り返し学習したい場合には，お米ねんどやあぶらねんどを使用します。最近では，様々な色のねんどがありますので，子どもの好きな色を使います。

019 アレンジ② **なぞって形をかくさん**
強み　膨らみや凸凹を指で触ってわかる

教材の主な材料

• 色画用紙　• 色ペン

オーダーメイドのポイント

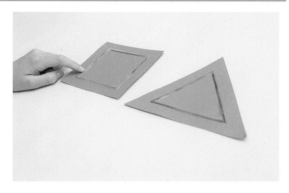

　平面である紙の素材に，凹凸をつけることで指でなぞって辺や頂点を確認できるようにしました。木工用ボンドは，乾くと修正ができないため，なるべくまっすぐになるように，均等な量を出して作成します。

020 アレンジ③ **ひもを通して形をかくさん**
強み　ひも通しが好き

教材の主な材料

• ダンボール　• ストロー太
• ひも　• 黒ペン

オーダーメイドのポイント

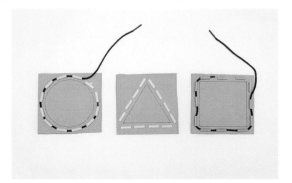

　ひもを通しながら，形を意識できるようにします。ストローを並べた内側には，必ず形を描いて，円や三角形などを見ながら学習できるように作成します。

自立活動　形を描く

注視する
見ているものを触る学習

021 ゆらゆらバナナフック
強み 揺れたり，長くなったりすることを楽しむことができる

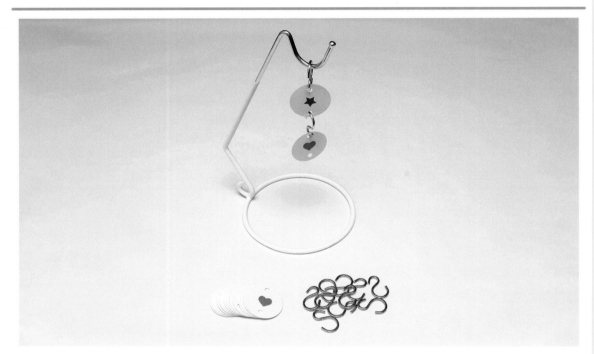

指導の流れ
①フックを土台にひっかける。
②1つ目のフックに穴の空いた円紙をひっか
　ける。
③円紙にフックをひっかける。
＊ぶら下がっているフックや円紙にどんどん
　ひっかけていく。

みとりのポイント
　相手の話を聞く際に，視線が逸れてしまう
など（注意散漫など）1点を注視することが
難しい場合には，1秒ずつを何回もなど，短
い時間，注視できるようアプローチします。

教材のつくり方
・土台には，バナナフックを用意する。
・フックは，子どもが操作できるようなサイ
　ズを選択する。
・画用紙を円に切り，穴あけパンチで上下に
　穴を開ける。

オーダーメイドのポイント
　穴を見ていないと操作ができないように，
少し難しく位置や穴の大きさを調整します。
また，教師の話を聞く際には，目線を上げる
ことが多いので，目線を上げることができる
ように，バナナフックを使用しました。

022 アレンジ① 同じ数字探し

強み 数字がわかる，ゲーム感覚で学ぶことが好き

教材の主な材料

- ホワイトボード　・数字カード
- 数字マグネット

オーダーメイドのポイント

　教師が指示した数字を左右の指でさして答え
ていきます。数字が理解できている強みを生か
しながら，数字マグネットを活用するなど，数
字の形や色を変えて楽しめるようにしました。

023 アレンジ② 同じ果物探し

強み マグネットを動かすことが好き

教材の主な材料

- ホワイトボード　・色画用紙　・マグネット
- 果物の絵を描いた紙（マグネットに貼る）

オーダーメイドのポイント

　マグネットを活用することで，見る対象を簡
単に移動させることができます。また，木に果
物が実っているように，生活経験に合わせてデ
ザインをすると効果的です。

024 アレンジ③ 同じ色さし

強み 細かい作業が好き，敷き詰めることが好き，同じ色がわかる

教材の主な材料

- 有孔ボード　・フェルトボール
- モール　・色シール

オーダーメイドのポイント

　フェルトボールにモールをつけてピンを作成
しました。有孔ボードには，たくさんの穴が開
いているので，敷き詰めることが好きな子ども
が喜びます。

位置を見る
見本を見て，同じ位置や色を把握する学習

025 カラーチップ置き
強み　チップをつまむことができる

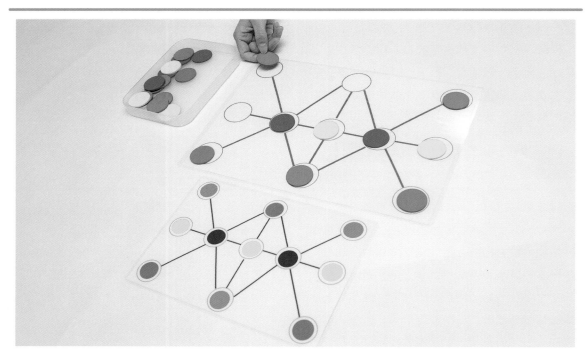

指導の流れ
①教師と一緒に木製チップの色を確認する。

②教師と一緒に見本とシートを比べて，同じ位置に○があることを確認する。

③見本と同じ位置に，同じ色の木製チップを置いていく。

④全部置いたら，教師に伝える。

みとりのポイント
　上下左右の把握が難しい様子が見られる場合などに，平面で位置関係を把握できるような教材でアプローチをします。

教材のつくり方
• 上下左右の位置関係が学習できるように，○を配置して，直線で結び，見本を作成する。

• 見本と同じシートを作成する。

• 見本もシートもラミネートをすると耐久性が上がる。

• 色のついた木製チップを用意する。

オーダーメイドのポイント
　近年では，カラフルなチップや棒が100円ショップなどで販売されています。丈夫で軽いのでおすすめです。

026 アレンジ① 透明シートでピッタリ探し

強み　見本とシートを比べることができる

教材の主な材料
- 有孔ボード　・カラークリアファイル
- 木ダボ

オーダーメイドのポイント

　色のついているクリアファイルを切ると半透明の教材を作成できます。半透明であることで，土台についている木ダボの位置を確認することができます。

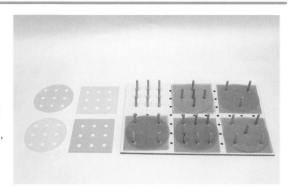

027 アレンジ② 色がピッタリ棒ならべ

強み　並べることが好き，色がわかる

教材の主な材料
- 木平棒　・色シール　・白紙

オーダーメイドのポイント

　木平棒と白紙に同じように色シールを貼ります。棒なので，上下の位置関係（もしくは，左右の位置関係）を把握する教材に向いています。真ん中にシールを貼ると難易度を上げることができます。

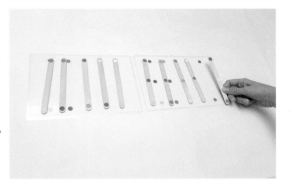

028 アレンジ③ くるくるスポンジ

強み　つかんで回すことができる

教材の主な材料
- 円柱スポンジ（厚み2cm程度に切る）
- 星シール

オーダーメイドのポイント

　100円ショップなどにある円柱のスポンジを輪切りにして使用します。見本と同じシールの組み合わせにできるように，くるくると回しながら考えていきます。

見て考える
線の位置関係に注目する学習

029 重ねて形づくり

強み 重ねたり，回したり，シートを操作することができる

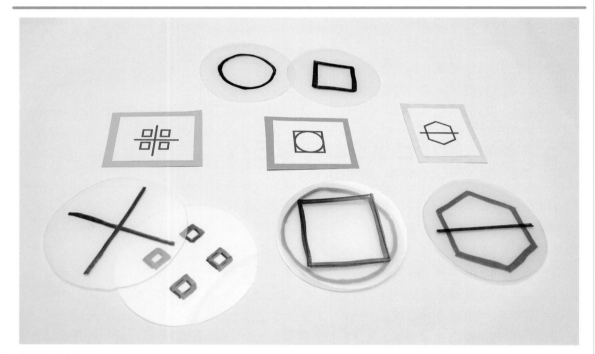

指導の流れ

①子どもが見本の形を指でなぞる。

②教師が2枚のシートをランダムに選び，形をつくって見せる。

③教師が見本を1枚ずつ提示する。

④子どもが2枚で同じ形になるようにつくる。

みとりのポイント

　ひらがなや数字を書く際に，線が1本多い，離れて書くべき線が重なってしまう，などの細かい誤字が見られる際には，無機質な線を活用して，線の位置関係に注目できるようにアプローチをします。

教材のつくり方

・画用紙などに見本を描く。

・クリアファイルやラミネート紙などに黒ペンで見本と同じように線を描く。

オーダーメイドのポイント

　上の写真では，見本と2枚のシートが，

左：考えている途中

中：誤答（円と四角形の大きさが違う）

右：正答

のようになっています。透明なシートで作成したことで，パッと見て解答を確認でき，修正もストレスなくできます。

アレンジ① ハチの巣パズル

強み　パズルが好き

教材の主な材料

- ダンボール　・色つきの星シール　・黒ペン

オーダーメイドのポイント

　六角形の板の頂点に，色の異なるシールを貼っていきます。同じ位置に同じ色のシールが3つ集まるように六角形の板を置いていきます。見本を作成した際に，完成した状態の写真を残しておくのがおすすめです。

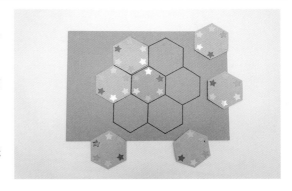

アレンジ② 木ダボと穴合わせ

強み　9までの数を数えることができる

教材の主な材料

- 木ダボ　・プラスチック板
- スチレンボード

オーダーメイドのポイント

　スチレンボードに木ダボをさし込んで教材を作成します。形によって木ダボの数を決め，難易度を調整することができます。数を数えて確認ができるようにします。

アレンジ③ シール合わせ

強み　型はめパズルができる

教材の主な材料

- ダンボール　・色シール　・黒ペン

オーダーメイドのポイント

　2枚を貼り合わせたダンボールに複数の長方形を描きます。各長方形の上下左右にシールを貼ります。シールが半分になるように上のダンボールのみ長方形に切り抜きます。色に注目して位置関係を考えることができるようにします。

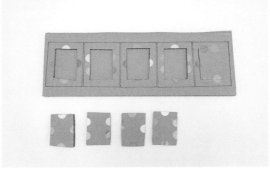

つまむ
親指と人差し指でつまむ学習

033 カラーパッチン・フェルト
強み　色を識別することができる

指導の流れ

①色の名前を教師に伝える。

②指先を開いたり閉じたりして体操をする。

③洗濯バサミの開く・閉じる動作を確認する。

④色と色をマッチングながら土台に洗濯バサミを挟む。

⑤すべて挟んだら教師に伝える。

みとりのポイント

　生活（ボタンをつける，キャップを開けるなど）や学習（鉛筆を持って書く，コンパスを操作するなど）で子どもが困り感を感じていたら，つまむ運動にアプローチします。

教材のつくり方

• 厚紙にフェルトを貼って土台を作成。

• 識別できる色を使用してマークをつける。

• 洗濯バサミにポンポンやシールで色をつける。

オーダーメイドのポイント

　土台は，厚紙やラミネートした紙で作成することが多いですが，ツルツルして滑ってしまうことがあります。フェルトを使用することで，フワフワした触感が気持ちよく，滑らずに安心して取り組めます。挟んだ後の洗濯バサミも外れにくいので，「つまむ」学習に集中することができます。

034 アレンジ① ピンセットで宝石ならべ
強み　小さな細かいものを黙々と並べることが好き

教材の主な材料
- ビーズ　・ピンセット　・DIY ボード

オーダーメイドのポイント
　黙々と作業をすることが好きな場合は，教材の材料を可能な限り小さくして量を多くすると，活動の量を増やすことができます。数字が理解できる場合は，見通しをもって学習ができるように，数字で情報を入れます。

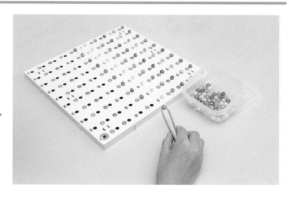

035 アレンジ② 虫さんの赤ちゃん
強み　お母さんと赤ちゃんが理解できる，ごっこ遊びが好き

教材の主な材料
- 木平棒　・フェルトボール　・木製ピンチ
- 目玉　・色シール

オーダーメイドのポイント
　教師と会話をしながら楽しく学習することを目指しました。木平棒は，生活経験からつまみやすく，木製ピンチはサイズを変えることで，子どもの手にフィットできるように配慮します。

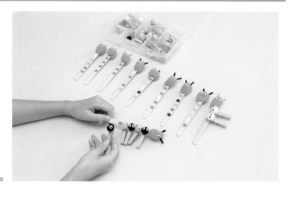

036 アレンジ③ アルファベット合わせ
強み　文字への興味があり，アルファベットが好き

教材の主な材料
- 木製ピンチ　・段ボール　・ABC シール

オーダーメイドのポイント
　アルファベットなど文字が読める子どもは，つまむ運動をしながら，文字を音読するなど，活動をプラスすることで，楽しく学習を継続することができます。ヒントに色シールを貼ると課題の難易度を調整できます。

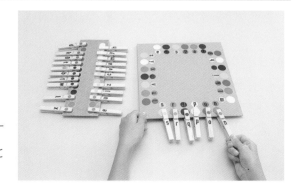

さす
指で教材をつまみ，指定された場所にさす学習

037 星３つ階段
強み　お弁当で使用するピックのデザインが好き

指導の流れ

①教師と一緒にピックのつまみ方について確認をする。

②子どもが階段の上段からさしていく。

③「星が３つ並んだね」など教師と確認をしながら進める。

みとりのポイント

　お弁当を食べる際に，食材にピックや爪楊枝をさすことが難しい場合，ビーズ遊びでビーズにひもを通すことが難しい場合など，動くものや小さいものの前に，単純な「さす動作」ができるようにアプローチします。

教材のつくり方

・発泡スチロールをカッターで長方形に切る。

・階段のような段差ができるように，発泡スチロールを組み立てる。

・側面にテープやフェルトを貼り，安定するように作成する。

オーダーメイドのポイント

　ピックのデザインが見えるように，段差をつくりました。側面から見ると星やチューリップのデザインを楽しむことができます。奥からさしていくと視界が遮られないので，スムーズに学習を進めることができます。

038 アレンジ① **お団子屋さん**
強み　両手を使って教材を触ることができる

教材の主な材料
- 竹串（細長い木の棒など）
- 球体の発泡スチロール

オーダーメイドのポイント

　お団子屋さんなど，子ども達の生活経験を生かせるようなテーマにすると楽しく学習ができます。球体の発泡スチロールは，ホームセンターなどで購入できます。

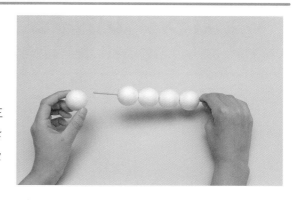

039 アレンジ② **ぷすっとボール**
強み　球を動かして球の全体を見ることができる

教材の主な材料
- 球体の発泡スチロール大
- 紙コップ　・ピック　・色シール

オーダーメイドのポイント

　360度に色シールを貼ってピックをさす位置をつくり，ゲーム性を高めました。子ども達は，球を回しながらピックのさす位置を楽しく探して取り組みます。

040 アレンジ③ **カラフルスティック**
強み　土台をおさえることができる

教材の主な材料
- 色のついた木平棒　・発泡スチロール
- 色テープ　・フェルト

オーダーメイドのポイント

　細いピックが難しい場合には，木平棒など太さを加えて作成をします。発泡スチロールは軽いので，側面にフェルトを貼るなど重さを加えることで，土台が安定するようにします。

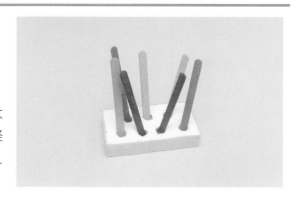

自立活動　さす

通す
穴にひもなどを通す学習

041 カラフルウィング

強み　ふわふわした素材が好き

指導の流れ

　「穴に通す」動作の前に「穴に入れる」動作を学習します。右ページの教材を学習する前の導入として取り組みます。

①教師と一緒に穴の位置と羽のつけ根を確認する。

②すべての穴に，羽のつけ根を入れる。

③すべての羽を入れたら教師に伝える。

みとりのポイント

　穴を見ることができるか，ものの先端を見ることができるか，見ている位置に手を動かすことができるか確認をします。

教材のつくり方

・ラップの芯やスチレンボードなどに羽のつけ根が入る穴を開ける。

・色と色のマッチングを一緒に学習する場合は，穴に色シールを貼っていく。

・羽は，色のついているものを用意するとカラフルになり，興味が湧く。

オーダーメイドのポイント

　日常生活の中で，なかなか触る機会のない羽を取り入れてみました。子ども達は，新しい素材や道具に強い興味をもちます。羽の色合いを調整すると刺激量を調整できます。

042 アレンジ① モール通し

強み ゲーム性があると楽しむことができる

教材の主な材料
- モール
- トイレットペーパーの芯
- 穴あけパンチ
- 折り紙

オーダーメイドのポイント

　穴の位置をランダムにすることで，子ども達は自由に選んで通すことができます。また，トイレットペーパーの芯に色をつけることで，色の識別学習へ応用することもできます。

043 アレンジ② 透明ひも通し

強み 透明の素材を見やすいと感じることができる

教材の主な材料
- 透明シート（テーブルクロスなど）
- 穴あけパンチ
- ひも
- ビニールパッチ

オーダーメイドのポイント

　通される素材を透明にすることで，裏面の様子を確認することができます。見えない動きを想像しながら手指を操作することは難しい動作なので，透明にして可視化します。

044 アレンジ③ ストロー通し

強み 細かいものを通すことができる

教材の主な材料
- ストロー
- ひも

オーダーメイドのポイント

　対象が大きいとひもなどを通すことが難しい場合には，短いストローなどから挑戦します。「ストローにひもを通す」ことができるように声かけをすることで，指の曲げ伸ばし運動を促します。

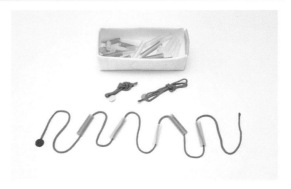

自立活動

通す

自立活動

回す
ものを回す学習

045 # くるくるお花
強み　お花が好き

指導の流れ

①教師と一緒にグーパー運動や握手をしなが
　ら，回内・回外の動きをストレッチする。

②お花を触ってみる。

③「くるくる」と言いながらお花を回す。

みとりのポイント

　生活の中には，ドアノブやペットボトルの
キャップなど，つかむ＋回すの動作があります。
回して開ける・閉めるの場面で困り感の見ら
れる子には，軽い教材，緩く閉まっている教
材から使用していきます（ペットボトルのキ
ャップなど，キツく閉められていると難し

い）。

教材のつくり方

・お花は，木平棒にお花の形に切ったフェル
　トを両面に貼りつける。

・土台は，厚紙を三角柱にし，太めのストロ
　ーをくっつける。

・三角柱を横に倒して草をイメージしたフェ
　ルトを貼りつける。

オーダーメイドのポイント

　フェルトで作成すると印象がやわらくなり，
触感を楽しみながら操作できます。

アレンジ① **オリジナルこま**

強み 絵を描くことが好き，回転しているものが好き

教材の主な材料

- 紙皿　・折り紙　・輪ゴム
- ペットボトルのキャップ

オーダーメイドのポイント

　こま回しは，指先の運動にとても効果的です。まずは，回すという語彙や状態について知るステップとして，コマ回しから取り組むと楽しく学習できます。

アレンジ② **くるくるナット**

強み 建設や工事の絵本が好き

教材の主な材料

- プラスチック製ボルトとナット　・ケース
- スチレンボード

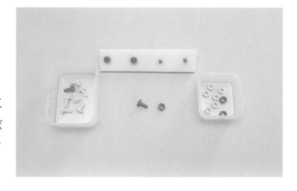

オーダーメイドのポイント

　スチレンボードなどにボルトを固定する際には，途中で外れることのないように，木工用ボンドなどで十分に固定をします。ボルトのサイズを変更して難易度を調整します。

アレンジ③ **タイヤつける君**

強み 車が好き，タイヤが好き

教材の主な材料

- 車のイラスト　・ペットボトルのキャップ
- ペットボトル上部のキャップをつける部分
- スチレンボードや板　・フェルト

オーダーメイドのポイント

　ペットボトルを切り，スチレンボードに取りつけます。ペットボトルは，切り口が危険なので，裏面にフェルトを貼るなど配慮します。

重ねる
バランスを考えて重ねる学習

049 重ねるパズル

強み　パズルのルールを理解している

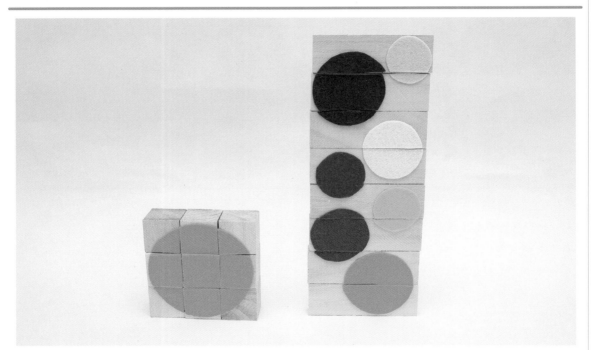

指導の流れ

①パズルの絵柄を確認する。

②片手で難しい場合は，両手で重ねる。

③絵柄が完成したら教師に伝える。

みとりのポイント

　重ねるという動作の学習をする際には，安定した姿勢であることが前提です。着席をして，肩や腕，手や指を動かしているときの様子を観察します。体の部位が揺れていたり，動かす腕が無意識のうちに速くなったり，遅くなったりしている場合には，大きな積み木などから学習を取り入れていきます。

教材のつくり方

• 正方形や長方形などの木を使用して，パズルを作成する。

• 触って確認ができることや，色合いがはっきりしているメリットを生かすために，木工用ボンドでフェルトを貼る。

オーダーメイドのポイント

　子ども達の興味関心を高めるために，教師のオリジナルのイラストをマジックで描くなどすると楽しく学習できます。また，怪我の防止のために，木製の素材は紙やすりで滑らかにすることが大切です。

050 アレンジ① ブロック重ね
強み ブロック遊びが好き

教材の主な材料
- ブロック　・必要に応じて見本シート

オーダーメイドのポイント

「重ねていくこと」を学習目標とする場合には，重ねられるブロックを机上に置いた状態で取り組みます。また，事前に見本の写真を撮り，子どもが自ら取り組めるようにすると自分でできる経験につながります。

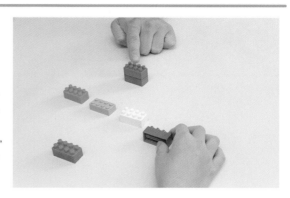

051 アレンジ② キャンプファイヤーの櫓
強み キャンプファイヤーをした思い出がある

教材の主な材料
- 木平棒　・色ペン

オーダーメイドのポイント

キャンプファイヤーの思い出などをいかした教材です。縦に3本，横に3本，を繰り返して重ねていくことで高くしていきます。後半になるにつれて，バランスが不安定になっていくので，ゲーム感覚で楽しめます。

052 アレンジ③ 表彰台
強み ごっこ遊びが好き

教材の主な材料
- 立方体や直方体の木やブロック
- 人形　・色シール

オーダーメイドのポイント

表彰台や階段など，少しずつ高さが高くなっていくイメージをもちながら重ねていく学習です。手づくりの人形などと会話を楽しみながら学習すると楽しく学べます。

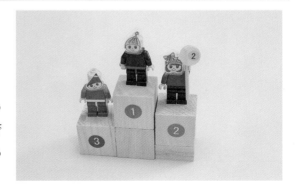

自立活動

重ねる

こんな子に

フーッと吹く口の動きを学びたい子

吹く
長く・短く・強く・弱くなど，吹く口の動きの学習

053 フーフー車
強み　車などが動いているのを見るのが好き

指導の流れ

①材料や色を選んで車を作成する。

②ストローの先端を向ける位置について知る。

③スタートとゴールを決める。

④ストローを通して車に息を当てて動かす。

みとりのポイント

　言葉の発達が気になる子には，唇の動きや舌の動きにアプローチすることが効果的なケースがあります。単純に吹く動きを繰り返すのではなく，ティッシュに息を吹き当てるなど，風の動きを可視化することが大切です。また，言葉の発達や語彙などについて丁寧にアセスメントするためには，言語聴覚士の巡回相談を活用するなどして，専門的な意見を取り入れることが大切です。

教材のつくり方

• 木製ピンチとストロー，竹串とペットボトルのキャップで車を作成する。

• ストローは，吹きやすい長さに調節する。

オーダーメイドのポイント

　楽しく学習するため，吹いていることを可視化できるように車にしました。吹く位置を定めることが難しい場合には，画用紙などで，風の当たる面などを取りつけます。

054 アレンジ① 袋おばけ

強み　おばけが好き，膨らんだり縮んだりする動きが好き

教材の主な材料

- 紙コップ　・ストロー　・ビニール袋
- 油性の色ペン

オーダーメイドのポイント

　袋が膨らんだり，縮んだりする様子を楽しめる教材です。吹くだけではなく，空気を吸う学習もできるので，複数個つくって，無理のないペースで取り組みます。

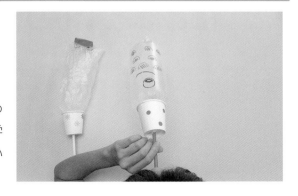

055 アレンジ② やわらか吹き矢

強み　ものを飛ばすのが好き，的に当てるのが好き

教材の主な材料

- ストロー（一般的なサイズ）
- ストロー（小さくて細いサイズ）
- マスキングテープ　・フェルトボール

オーダーメイドのポイント

　「吹く」自分の動きに反応して，ものが飛んでいくことに子ども達は夢中になります。飛んでいくものは，安全な素材にします。

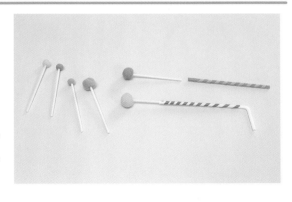

056 アレンジ③ 手づくり吹き戻し

強み　息を吹くことができる，手で抑えることができる

教材の主な材料

- ストロー　・折り紙
- 透明テープ（セロハンテープなど）

オーダーメイドのポイント

　吹き戻しは，吹く学習をしながら，動きを楽しむこともできます。折り紙の柄を子ども達と一緒に選んで作成することで，オリジナルの吹き戻しを作成することができます。

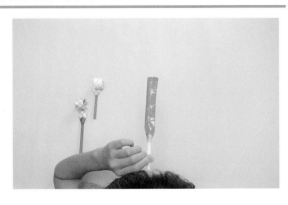

自立活動

吹く

分類する
形や色，表情を見て同じ種類ごとに仲間分けする学習

057 にこにこマトリックス
強み　並べることができる

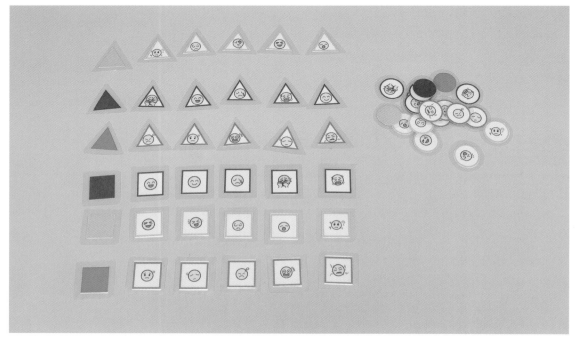

指導の流れ
①教師と一緒に形，色，表情などを確認する。

②「形と色」や「色と表情」など，仲間分けする学習内容を知る。

③学習内容（形と色など）に合わせて仲間分けしていく。

みとりのポイント
　教師の声かけが「りんご」などの具体的であれば理解できるが，「そこにある果物持ってきて」「赤いものを集めて」などの抽象的な声かけになると理解が難しい場合には，仲間・グループなどの概念にアプローチします。

教材のつくり方
• 色画用紙を三角形や四角形に切る。

• 同じ形の白紙に表情イラストを描いて貼る。

※ラミネート加工する，厚紙で作成するなど，子ども達の実態に合わせて調整する。

オーダーメイドのポイント
　三角形だけ識別する，赤だけ識別するなど，1つの指示理解と識別ができるようになった次のステップとして，2つの指示（①赤と②顔が描いてある）で集めることや仲間分けしていくことができるように作成しました。操作する教材は，少ない数から始めます。

058 アレンジ① スプーンはどれかな

強み スプーンやフォークを使ったことがある

教材の主な材料

- スチレンボード　・ホワイトボード
- スプーン，フォーク，箸（様々な素材）

オーダーメイドのポイント

　日常的に使用しているスプーンなどの道具であっても，「自分のもの以外はスプーンと認識していない」ことがあります。スプーンにも様々な素材や形があることを学びます

059 アレンジ② 立体まる集め

強み 様々な触感が好き

教材の主な材料

- 球体の発泡スチロール　・球体の木
- スーパーボール　・フェルトボール　など

オーダーメイドのポイント

　右の写真には，球体の教材のみ掲載していますが，お菓子の空き箱なども活用して，触感を楽しみながら，球体や立方体などを集める学習ができるようにしました。

060 アレンジ③ 平面まる集め

強み 同じ色がわかる，ラミネートシートをつまむことができる

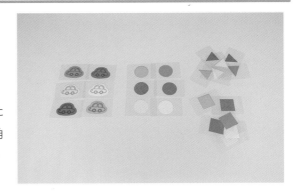

教材の主な材料

- 色画用紙　・黒ペン　・車のイラスト

※必要に応じてラミネート加工や厚紙を使用。

オーダーメイドのポイント

　教材番号057をシンプルにした教材です。たくさんの教材を用意して，円・三角形・四角形・車などの同じ形を集めたり，赤・青・黄・橙・緑・桃の同じ色を集めたりします。

自立活動

分類する

巻く
ひもを巻く学習

 くるくるリボン
強み　リボンが好き

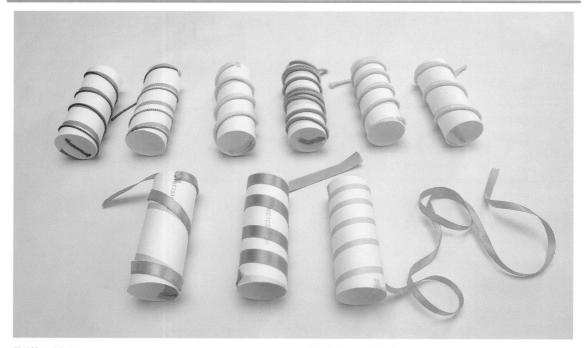

指導の流れ

①好きな色や素材（リボン，ひも，たこ糸など）を確認する。

②教師が巻いて見本を見せる。

③子どもが自由に巻く。

④子どもがテープの指示に合わせて巻く。

⑤教師と一緒に巻いた教材を確認する。

みとりのポイント

　左手で押さえながら右手を動かすなど，両手がそれぞれ別の動きをする際に困り感が見られる場合は，巻く動作などのシンプルな学習からアプローチします。

教材のつくり方

• トイレットペーパーの芯などにマスキングテープを巻く。

• トイレットペーパーの両端に切り込みを入れる。

• 切り込みにリボンなどをテープで貼って固定する。

オーダーメイドのポイント

　巻く位置を知らせるマスキングテープは，間隔にバリエーションをつけることで，楽しく学びつつ，実態に合わせて使用することができます。ラップの芯もおすすめです。

062 アレンジ① まきまきバトン

強み ひもをゆらゆらしたり，くるくるしたりするのが好き

教材の主な材料
- ひも　・プラスチックの棒　・スポンジ
- テープ（棒の両端にスポンジをつけ，安全に使用できるようにする）

オーダーメイドのポイント

教材番号061のようにマスキングテープに沿ってひもを巻くことが難しい場合には，硬めの棒に自由に巻けるようにします。

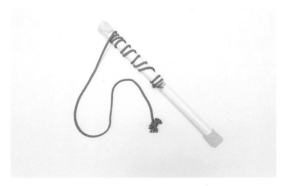

063 アレンジ② 色まき布

強み 布が好き

教材の主な材料
- ラップの芯　・布　・ビーズ
- 両面テープ（布を固定する）

オーダーメイドのポイント

両手を一緒に動かして巻いたり，布をひっぱってひろげたりするため，ラップの芯と布ははがれないように，しっかりと貼り合わせます。布は，大きくなるほど，難易度が上がります。

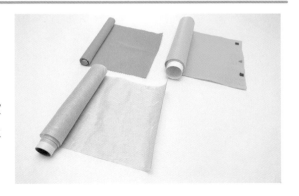

064 アレンジ③ 毛糸のクリスマスツリー

強み クリスマスを楽しみに感じている

教材の主な材料
- ダンボール　・毛糸

オーダーメイドのポイント

ダンボールをクリスマスツリーをイメージして切りました。冬には，暖かい素材の毛糸を使用し，季節感のあるクリスマスという題材で楽しみます。ダンボールに切り込みを入れると，毛糸が巻きやすくなります。

自立活動 巻く

入れる
様々な素材のプットイン学習

065 プットイン・チェーン

強み はじめと終わりがわかる，机上の学習に取り組むことができる

指導の流れ

①チェーンを伸ばしたり，集めたりして，長さを確認する。

②先端を手に持ち，ミニボトルの入口から少しずつ入れていく。

③チェーンを入れる手と反対の手でミニボトルを押さえる。

④すべて入ったら教師に伝える。

みとりのポイント

　消しゴムを使うときに力のコントロールが難しい場合などには，指先の運動を取り入れてアプローチします。つまんで入れる動作の中で，様々な角度から指で押したり，ねじったりしながら，指の力をコントロールする感覚を養っていきます。

教材のつくり方

・ミニボトルやチェーン玩具は，100円ショップやホームセンターで購入できる。

・ボトルは押したら凹んで戻るような柔らかい素材を選ぶ。

オーダーメイドのポイント

　プットインと聞くと，コインやビー玉を想像すると思います。様々な素材，様々な大きさや長さに触れていくことが大切です。

066 アレンジ① **プットイン・鈴**

強み　音が鳴ると楽しい

教材の主な材料

- ペットボトル小　　・鈴

オーダーメイドのポイント

　音が鳴るだけで楽しくなる教材です。ペットボトルの中にたくさんの鈴が入っていくと聞こえる音も変わって，音の変化も楽しめます。また，キャップを閉めて「振る動作」の学習にも活用できます。

067 アレンジ② **プットイン・木ダボ**

強み　カラフルなものを楽しむことができる

教材の主な材料

- プラスチック製ミニボトル
- 色つき木ダボ

オーダーメイドのポイント

　やわらかいプラスチックのボトルを活用した教材です。素材がやわらかいことで，中に入っている量が増えてきたときでも，木ダボを押し込めるので，入れやすいです。

068 アレンジ③ **プットイン・ストロー**

強み　細かいものを触るのが好き，誤飲をしない

教材の主な材料

- プラスチック製ミニボトル
- ストロー（短く切って使用）

オーダーメイドのポイント

　子ども達の実態に合わせてストローの長さを調節します。ミニボトルを複数用意して，色ごとにプットインすると色の識別を加えた学習になります。

支えて入れる
土台をつかむ・支える学習

069 透明筒

強み　音が鳴るボールが好き，手のひらサイズのものをつかむことができる

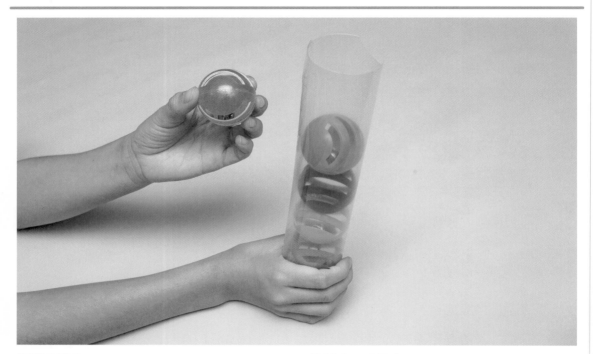

指導の流れ

①子どもの腕の可動域に合わせて筒の長さを調整する。

②筒のつかみ方を確認する。

③腕がふらふらしないように声かけをする（腕をその場で固定するイメージ）。

④すべてのボールを筒の中に入れる。

みとりのポイント

ペットボトルのキャップを開けることが難しい，牛乳パックをつかみながらストローをさすことが難しい子などには，両手にアプローチできる教材を作成します。

教材のつくり方

• 透明シートは，テーブルクロスの透明で厚いものがおすすめ。ラミネート後のラミネート用紙を使用する場合は，安全に使用できるように両端にテープを貼る。

• 透明シートは，ボールがピッタリ入る太さで筒状にし，セロハンテープでとめる。

オーダーメイドのポイント

プットインの教材はよく見かけますが，つかんで支えながらものを入れるなど，生活に応用できることが重要です。利き手と支える手の両方にアプローチするように心がけます。

070 アレンジ① とろとろキラキラボトル
強み コップに興味を示している，キラキラが好き

教材の主な材料
- ペットボトル小　・洗濯のり
- ラメやビーズなど　・水

オーダーメイドのポイント

　洗濯のりとラメでキラキラ液体を作成します。とろとろの液体は，ゆっくり流れるので，コップに注ぐ学習に最適です。水を加えるとサラサラになり難易度が上がります。

071 アレンジ② スーパーボールの筒
強み つまむことができる，筒の口にゆとりがあると入れることができる

教材の主な材料
- スーパーボール　・透明シート

オーダーメイドのポイント

　教材番号069の難易度を上げた教材です。プットインするボールも筒もサイズが小さくなっており，支える手が重要になっています。

　筒には，あえて底板などはつけず，支えることで立つように作成しました。

072 アレンジ③ 綿棒の筒
強み お手伝いやお片付けが好き

教材の主な材料
- 綿棒
- 透明シート

オーダーメイドのポイント

　図画工作で綿棒に絵の具をつけてポンポンして表現学習をした後などに，意図的に片付ける時間と環境を設定し，両腕を活用してつかんで支える動きを学習できるようにしました。

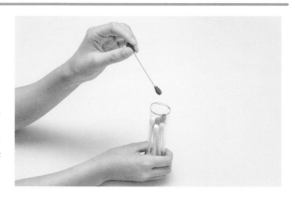

両腕を使う
両腕で体の内側に力を入れる学習

073 **3ボックス**

強み　ゲーム性のあるものが好き，車やバイクが好き

指導の流れ

①子どもから見て「赤は右，黄は中央，緑は
　左」になるように置く。

②赤と緑だけをつかみ，赤箱と緑箱で黄箱を
　挟んで持ち上げる。

③中央の箱を挟んで持った状態で，指定され
　た位置に運んだり，両腕を前後左右上下に
　動かしたりして学習する。

みとりのポイント

　体の内側に力を入れることが難しい場合に
は，抱っこするようにランドセル（軽いとき
でも）などを持つ姿が見られます。机を持ち
上げて運んだり，大きめのボールを持ったり
する運動へつながるようにアプローチします。

教材のつくり方

・同じサイズの空き箱を用意する。

・3つ違う色画用紙を貼る。

・隣の箱につながるようにイラストを描く。

オーダーメイドのポイント

　子ども達と相談しながら，その子の好きな
イラストを描きます。箱は，片手で持てる大
きさ・重さのものを選びます。ゲーム感覚で
学べるように，教室全体を使ってスタートと
ゴールを決めて活動すると楽しいです。

074 アレンジ① **紙コップアーム**
強み　ロボットが好き

教材の主な材料
- 紙コップ　・ボール

オーダーメイドのポイント

　握力に頼ることなく，腕だけで，体の内側に力を入れることができるように作成をしました。ボールは，摩擦力のあるものを選ぶと紙コップアームで挟みやすくなります。ボールの重さや素材を変えて楽しみます。

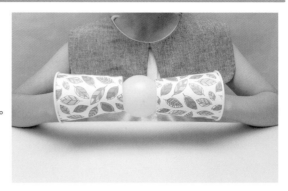

075 アレンジ② **棒マグネット**
強み　くっつく感覚が好き

教材の主な材料
- 棒　・マグネット（棒の両端につける）
- マグネットシート（円，三角形，四角形などに切って並べる）

オーダーメイドのポイント

　両腕を上下に動かしてマグネットをくっつけていきます。持ち替えず，回外・回内の動きにアプローチできるようにします。

076 アレンジ③ **紙皿タワー**
強み　バランスゲームが好き

教材の主な材料
- 紙皿　・紙コップ

＊いずれも色ペンや絵の具で色をつける。

オーダーメイドのポイント

　子ども達と一緒に色をつけて作成します。学習する際の約束としては，両手でつかむことです。両手を動かす力に意識を向けることができるように声かけをします。

自立活動

両腕を使う

協調運動
両手でできる協調運動の学習

077 ぐーちょきぱー運動

強み　ぐー・ちょき・ぱーの指の動きができる

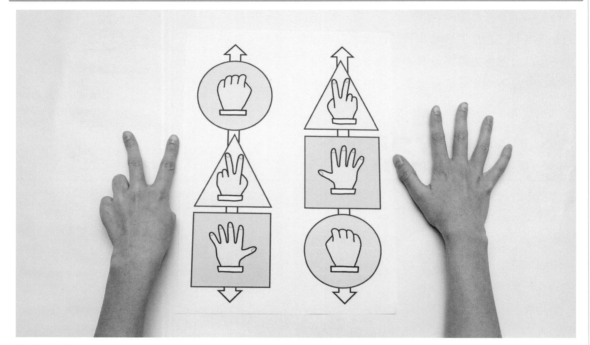

指導の流れ

①ぐー・ちょき・ぱーの手指の動きを確認する。

②両手で下→中→上→中→下→中→上→中の順に，同じタイミングで動かす。

③教師の指示するリズムに合わせて両手を同じタイミングで動かす。

みとりのポイント

　縄跳び，跳び箱など，協調運動に苦手意識がある場合には，机上でできる運動から始めます。座って安定した姿勢で，両手でリズムよく運動できるようにします。

教材のつくり方

・ぐー・ちょき・ぱーのイラストを描く。

・印刷できる場合は，印刷をする。

＊ホワイトボードなどに描くと追記修正が簡単にできる。

オーダーメイドのポイント

　縄跳びや跳び箱に恐怖心や苦手意識があって見学が多くなってしまうなどの様子が見られる場合には，スモールステップで学習を進めると成功体験を重ねることができます。子ども達が大好きなじゃんけんの動きを教材に取り入れてみました。

078 アレンジ① キラキラぐーちょきぱー
強み キラキラが好き

教材の主な材料
- キラキラ折り紙

オーダーメイドのポイント

　キラキラ折り紙を使用した机上でできる協調運動です。三角はちょき，ハートはぐーなど指示を変えて取り組むことで，脳が活発に働きます。複数の記憶や指示に混乱しないように難易度を調整することが大切です。

079 アレンジ② ゆびゆび体操
強み 見ている場所を指でさすことができる

教材の主な材料
- 見本シート（１本指，２本指など，指のイラストが描かれたもの）

＊必要に応じてラミネート加工をする。

オーダーメイドのポイント

　目で確認しながら左右の手が別の動きをすることを促したいので，指さしをする手と見本をまねする手の両方を動かします。

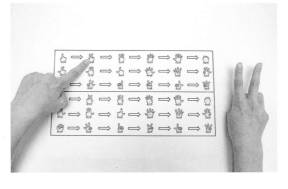

080 アレンジ③ 数字ぐーちょきぱー
強み 指で数字を表現できる

教材の主な材料
- 数字の書かれたチップ（１〜５の数字を２枚ずつ）

オーダーメイドのポイント

　教材番号077の難易度を上げた教材です。ぐー・ちょき・ぱーの３種類の動きから，１〜５の５種類の動きに増やしました。数字で協調運動を楽しむことができます。

自立活動

協調運動

記憶
頭の中に情報を保持する学習

081 覚え塗りカード
強み　数字が読める，色を塗ることができる

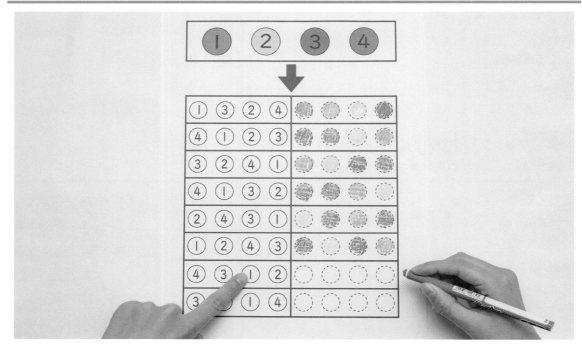

指導の流れ

①上に書いてあるものが「数字と色」の見本
　であることを確認する。

②数字と色を確認する。

③左側の数字と位置を確認しながら，右側に
　色を塗っていく。

＊難易度を上げる際には，見本を20秒で記憶
　した後に，紙を折り曲げて隠す。

④塗る際には，「1だけぬる」などせず，上
　から順に解答していく。

みとりのポイント

　～しながら～する，～を覚えながら～する

など，記憶を保持しながら，活動や作業をす
ることに困り感を感じている子に数字と色を
使った教材でアプローチします。

教材のつくり方

・子どもが記憶できる個数分だけ数字を書く。

・見本には，数字の背景に色をつける。

オーダーメイドのポイント

　Excel や Word で枠を作成しておいて数
字だけ書き込むと問題が完成するようにして
おくと作成時間を短縮できます。子ども達の
実態に合わせて問題数を調整することで楽し
く取り組むことができます。

082 アレンジ① 果物バス
強み　バスが好き

教材の主な材料
- 色画用紙　　• バスのイラスト　　• 色シール
- イラストシール

オーダーメイドのポイント

　教師が口頭で次のように問題を出します。「バスに乗っているのは，みかんとりんごとバナナです」2回繰り返した後に，バスを見せて子どもが指さしをして解答します。

083 アレンジ② 絵合わせキャップ
強み　トランプ遊びなどが好き

教材の主な材料
- ペットボトルのキャップ　　• イラスト
- 木板

オーダーメイドのポイント

　ペットボトルのキャップにイラストを貼りつけて操作がしやすいようにしました。神経衰弱のルールに「ハートはどこかな」など，見つけるものを指示すると難易度が上がります。

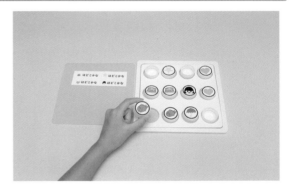

084 アレンジ③ 国旗ならべ
強み　国旗が好き

教材の主な材料
- 国旗カード（印刷をしてラミネート加工をする。小さいので角を丸くして怪我を予防）
- 木製ピンチ　　• 麻ひも　　• 木枠

オーダーメイドのポイント

　国旗が好きな子ども達が楽しく記憶の学習ができるように教材を作成しました。教師が問題を掲示し，子どもが国旗カードで解答します。

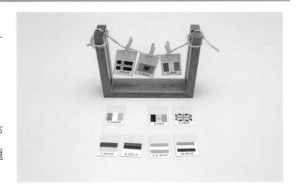

追従
線を追従して「見る」学習

085 カラーイミテーション
強み　シールを貼ることが好き

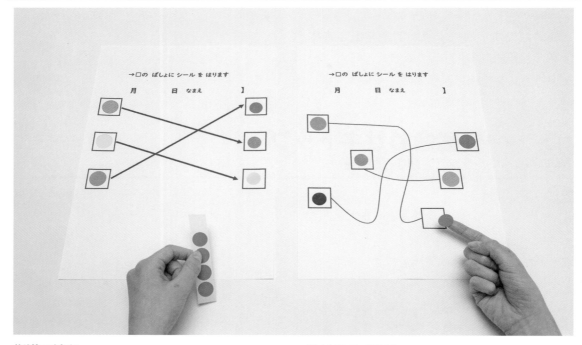

指導の流れ
①色を認識できるか確認する。
②矢印の線を指でなぞる。
③教師と一緒に矢印の線をなぞるように見る。
④矢印の線でつながっている両端に同じシールを貼る。

みとりのポイント
　ボールを目で追いかけることが難しいなど，対象を追いかけるように目で見続けることに困り感がある場合には，シールが好きなどの強みをいかした教材で，無理のないペースで進めていきます。

教材のつくり方
・シールを用意し，矢印と四角形（シールを貼る位置）を描く。
・子どもの実態に応じて矢印や色の数を調整する。

オーダーメイドのポイント
　太い直線の矢印が見やすく取り組みやすいです。曲線，複数の線が交わる線，ギザギザ曲がる線など，様々な線の矢印を活用してバリエーションを増やすことができます。また，同じ色のおはじきを置いたり，色塗りをするとコストを削減することができます。

086 アレンジ① 見る見る目印
強み　教師と一緒に学ぶことが好き

教材の主な材料
- 鉛筆　・ホワイトボード　・画用紙
- フェルトボールやシール（鉛筆の先につける目印）

オーダーメイドのポイント

　1つの対象を追いかけるように見る動きでは，背景がチカチカしていると難しくなります。光の反射を抑えつつ，無地のものを選びます。

087 アレンジ② 流れるビーズ
強み　キラキラな素材が好き

教材の主な材料
- ストロー太　・色テープ　・ビーズ

オーダーメイドのポイント

　ストローを斜めにして，中に入っているビーズを目で追いかける教材です。ストローを長くしたりビーズの量を減らしたりすると難易度が上がります。また，ストローはタピオカ用が持ちやすいです。

088 アレンジ③ コロコロ迷路
強み　迷路などゲーム性がある学びが好き

教材の主な材料
- 空き箱　・スチレンボード
- スーパーボール

オーダーメイドのポイント

　スーパーボールを活用するとキュッキュと摩擦力があるので，ゆっくりとボールを進めることができます。ビー玉など，動きが速くなると目で追えなくなるので注意が必要です。

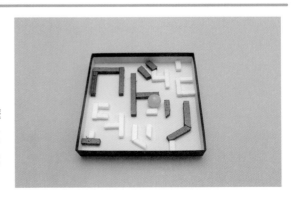

跳躍
跳躍させる眼球運動の学習

089 九九ピザ
強み　九九を覚えている

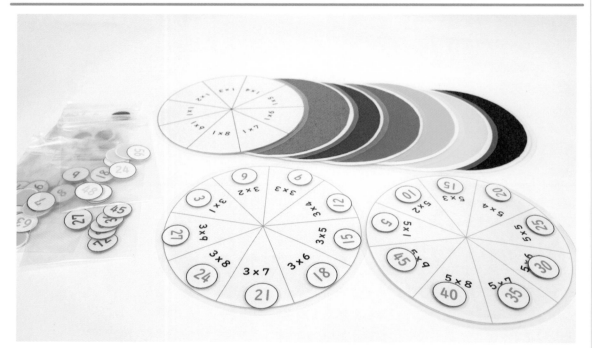

指導の流れ

①九九を覚えていることを確認する。

②数字チップが九九の答えになっていることを知る。

③それぞれの段によって，色が違うことを確認する。

④数字を見つけて書かれている式の答えになるように並べる。

みとりのポイント

　読書や視写をするときに困り感がある場合には，離れた2点を跳ぶように見る力にアプローチすると効果的です。

教材のつくり方

・円状に九九の式を書き，ラミネートする。

・円の色と同じ色で数字チップをつくる。

・それぞれの裏にフェルトを貼ることで，裏にすると色分けの学習ができる。

オーダーメイドのポイント

　九九の強みをいかしてたくさんのチップの中から必要なチップを探し，式の答えになるように置く教材です。今回のめあては，眼球の運動なので，九九の式はランダムにするか悩みましたが，難しくなってしまうので，順番にして難易度を調整しました。

090 アレンジ① 視写カード

強み ひらがなを読むことができる

教材の主な材料

- スポンジ（きめ細かい素材で摩擦力を上げると置いたときにずれにくくなる） ・色画用紙
- 文字を書いたシール ・見本の文章

オーダーメイドのポイント

　見本を見ながら同じように文字カードを並べていきます。読める文字で，文や文節，単語ごとにカードを作成します。

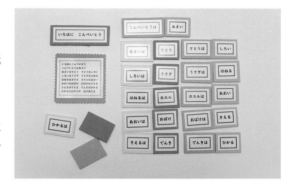

091 アレンジ② スピードストロー

強み 負けず嫌いで作業の手が早い

教材の主な材料

- スチレンボード ・木ダボ
- ストロー太

オーダーメイドのポイント

　ストローの長さを短くすると難易度を下げることができます。また，バラバラな長さにすると難易度を上げることができます。前回の自分の記録よりも早いタイムを目指します。

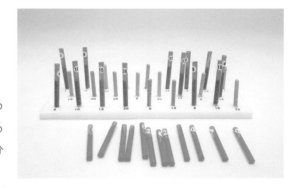

092 アレンジ③ スピード数字消し

強み シールが好き，粘り強い

教材の主な材料

- 数字を書いた紙 ・シール

オーダーメイドのポイント

　シールの色は，白を使用すると紙面の情報量を減らしていくことができるので，難易度を下げていくことができます。逆に，複数の色を使用すると難しくなります。おはじきを活用するとコストを削減できます。

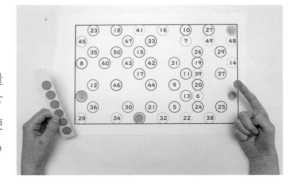

視空間
平面や立体の視空間を把握する学習

093 立体ジオボード
強み　ゴムを両手で引っ張り，伸ばすことができる

指導の流れ

①教師がゴムを伸ばしてみせ，子どもがまねをする。

②教師が見本となる形をつくる。

③見本を見ながら作成をする（この際，ゴムをかける順番が前後すると誤答になる）。

④完成したら，教師と確認をする。

みとりのポイント

　文字を書くこと，図形や漢字の視写が難しいこと，マスの中に書くことなどが難しい場合には，視覚を活用した空間認知能力にアプローチすることが効果的です。

教材のつくり方

• 左右対称になるように有孔ボードに木工用ボンドで木ダボをつける。

オーダーメイドのポイント

　木ダボの長さを短く調節することで，平面に近いジオボードを作成することができます。上の写真のように，側面から見たときにゴムをかける順番まで注目できるように教材を作成すると，教師の手の動きを注意深く観察したり，様々な角度から見る習慣がついていきます。まずは，平面を達成し，次に立体に挑戦するとステップアップになります。

094 アレンジ① 同じ模様探し
強み パズルが好き，かわいい色あいが好き

教材の主な材料
- ダンボール ・絵の具や色ペン ・色シール

オーダーメイドのポイント

　同じ絵を探しながら，カードをくるくる回したり，土台の近くに持っていって見比べたりしながら，眼球運動をします。それぞれのカードや見本に注目できるように，あえて似ている模様を描いています。

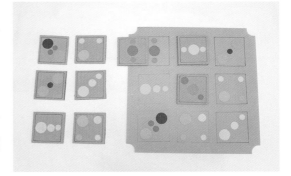

095 アレンジ② 箸つかみ〜立体チャレンジ〜
強み 色分けができる，箸をスムーズに使うことができる

教材の主な材料
- フェルトボール ・箸 ・紙皿
- フェルト ・細い髪ゴム ・空き箱

オーダーメイドのポイント

　紙皿にフェルトで色をつけることで，色の識別も同時に行っていきます。髪ゴムが立体的に張り巡らされているため，ゴムや箸を見て確認しながら取り組みます。

096 アレンジ③ カラー版てんてん図形模写
強み マスの位置関係（上下左右）が理解できる

教材の主な材料
- 問題を記入した紙（筆圧の調整が難しい場合には，厚紙や画用紙で作成する）

オーダーメイドのポイント

　点と点を結び，左に描いてある見本と同じ図形を描く教材です。マスに教科書と同じ色をつけると，文字を書く学習につなげられます。

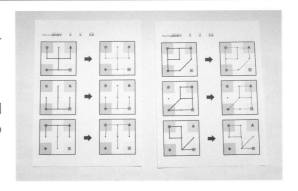

自立活動
視空間

自立活動

見る遊び
指定された対象を見つける学習

097 乗り物見つけ
強み 乗り物が好き，動物がわかる

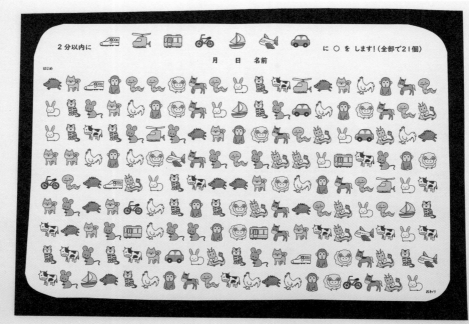

指導の流れ

①新幹線やヘリコプターなど乗り物の名前を
　確認する。

②たくさんあるイラストの中から乗り物だけ
　を○で囲んでいく。

③時間を決めて取り組む。

みとりのポイント

　辞書の中から目的のキーワードを見つける
ことが難しいなどの様子が見られた際には，
素早く視線を動かすことができるように学習
をデザインします。かわいいイラストで楽し
く学ぶことができるようにしました。

教材のつくり方

• イラストを印刷する。

＊「スタンプ」でアレンジ：動物などのスタ
　ンプをたくさん押す学びの後に，指示され
　た動物だけを探すなどアレンジできる。

オーダーメイドのポイント

　イラストを使用する際には，子ども達の知
っている動物や乗り物を使用します。また，
難易度を調整するためには，モノクロで印刷
をしたり，見つける対象だけをカラー印刷す
るなど，印刷方法に配慮します。イラストの
数や紙のサイズは，子ども達と相談をします。

098 アレンジ① カラー版色塗りたし算

強み たし算が理解できる

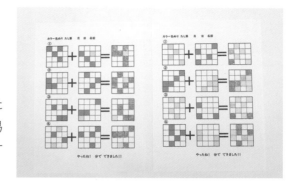

教材の主な材料

- マス目を印刷した紙
- 色鉛筆やクーピー

オーダーメイドのポイント

「見る」学習に楽しく取り組めるように，たし算の式のようにデザインをしています。難易度を下げる際には，左を赤・右を青など，たすマスとたされるマスを単色にします。

099 アレンジ② ひらがなリング

強み 体を動かして学ぶことが好き

教材の主な材料

- ひらがな五十音を一文字ずつ書いた紙リング

オーダーメイドのポイント

リングは床に置いて使用します。五十音がバラバラになるように床に置いてある状態で，「あ」から順番に探します。見つけたら腕に通し，「あ行」が集まったら教師に渡します。紙リングは画用紙で作成すると丈夫です。

100 アレンジ③ 形スチレンボード

強み 円や三角形などの図形がわかる

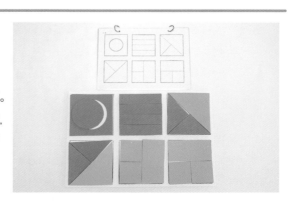

教材の主な材料

- 色つきスチレンボード　・見本シート

オーダーメイドのポイント

スチレンボードは，操作する形に使用します。薄めのスポンジも適度な厚さで並べやすいので，おすすめです。素早く正確に並べることが学習の目的となるように，色の数は，子どもが取り組みやすいように相談をします。

貼る
マジックテープを貼る学習

101 タイヤ屋さん
強み　車が好き

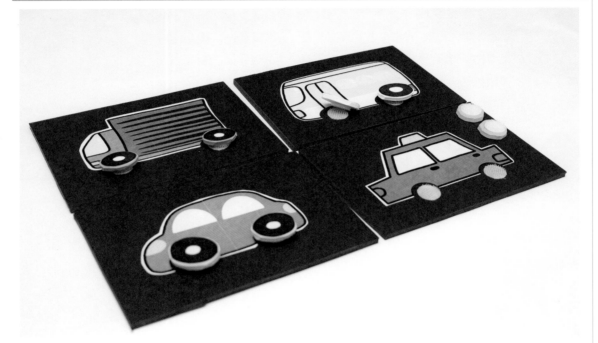

指導の流れ

①車とタイヤの数を確認する。

②マジックテープの音や触感を楽しめるか確認をする。

③赤の車には赤のタイヤ，緑の車には緑のタイヤを貼る。

④すべてのタイヤを車につけたら，教師に伝える。

みとりのポイント

　子ども達の好きな車を教材に取り入れました。タイヤの着脱には，マジックテープを使用して，音やベリベリと剥がす触感を楽しめ るようにしています。教材を作成する前に，子ども達はマジックテープの音や触感が大丈夫か確認をします。

教材のつくり方

• スチレンボードにイラストを描き，タイヤの部分などにマジックテープを貼る。

オーダーメイドのポイント

　マジックテープを使用することで，「貼った感触（くっつけた感触）」で自分の意図した位置に貼れていることを実感することができます。また，ベリベリした音などを楽しむことができます。

102 アレンジ① ならべシール貼り
強み シールを貼ることが好き

教材の主な材料
- 星や三角形などを描き，内側にシールサイズの○を敷き詰めた紙 ・色シール

オーダーメイドのポイント

○の中にシールをピッタリ貼ることができると，形が浮かび上がるように作成しました。アルファベットなどの形にすると，アルファベットへの興味関心を高めることができます。

103 アレンジ② ○探し
強み ○を見つけることができる（地と図の弁別ができる）

教材の主な材料
- 背景（地）と○（図）を描いた紙
- 色シール ・色鉛筆（最後にぬりえをする）

オーダーメイドのポイント

色シールは，100円ショップやホームセンターで購入できます。背景とシールを貼る○を弁別できる力をいかして，貼る学習を楽しみます。

104 アレンジ③ シール貼り工場
強み 見本を見てまねをすることができる

教材の主な材料
- コインを描いた紙（円の中に棒を引く）
- 色シール

オーダーメイドのポイント

子ども達には，「シールを貼ってコインをつくろう！」と声をかけて，貼る活動を楽しみます。見本と同じ模様になるように，「見る→貼る」を繰り返し学習します。

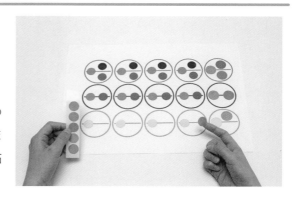

自立活動

貼る

気持ちを知る
自分の気持ちを知る学習

気持ちの信号機

強み 信号機を知っている

指導の流れ

①「活動に参加できるときは，どんな気持ち？」をテーマに学習することを伝える。

②青信号（嬉しいとき，楽しみなとき），黄色信号（緊張しているとき，ドキドキしているとき），赤信号（怒っているとき，イライラしているとき）と伝える。

③活動参加の有無と自分の気持ちを信号機で表現していく。

みとりのポイント

どうして参加することが難しいのかな？心がブレーキをかけているのかな？と，信号機

や横断歩道と関連づけながら想像して学びます。

教材のつくり方

• ダンボールで信号機を作成する。

• 青黄赤のカラーセロハンで表情をつくる。

オーダーメイドのポイント

信号機にしたことで，「あのときは，イライラしていたから，活動に入る前に，止まってよかったんだ」「緊張して，ドキドキしているときには，立ち止まって周りを確認していいんだ」など，自分の生活経験に例えながら気持ちについて学んでいきます。

106 アレンジ① ハート信号機
強み 指で操作することができる

教材の主な材料
- スチレンボード ・フェルト ・糸
- ペットボトルのキャップ ・表情イラスト

オーダーメイドのポイント

机上に置いて操作できるサイズです。集団での活動や前に出て発表するなど，イヤーマフなどを活用していても，教師に自分の気持ちを伝えるツールとして使用します。

107 アレンジ② トークテーマ○○な気持ち
強み 教師や友達と会話することが好き

教材の主な材料
- 高さのある土台（芝風素材やダンボール）
- ペットボトルのキャップ ・色画用紙
- 表情イラスト ・木平棒

オーダーメイドのポイント

「青信号！ 笑顔で参加できた活動は？」など，テーマを決めて順番に発表していきます。信号機はトークテーマや気持ちを示します。

108 アレンジ③ 声かけてください信号機
強み 個別スペースを活用することができる

教材の主な素材
- ダンボール ・カラーセロハン
- 表情イラスト ・厚紙（片方を隠す用）

オーダーメイドのポイント

個別スペース（落ち着きスペースやリラックススペースなど）で気持ちを切り替えるために学習をしているときに，「今は待って」「話しかけていいよ」の合図に使用します。

気持ちを考える
重さを使って気持ちを考える学習

109 気持ちの重さボトル
強み 重さを感じることができる

指導の流れ

①砂をストレス，ペットボトルを心のキャパシティと見立てることを確認する。

②「ばか」と言われたら？「あっち行け」と言われたら？と教師がお題を出していく。

③自分の経験を思い出したり，気持ちを想像したりしながら，砂を入れていく。

みとりのポイント

　言葉の理解や気持ちの理解が難しい子に砂の重さでアプローチをしました。想像することに困り感のある場合があるので，ストレスやキャパシティを可視化して理解がしやすくなるように工夫しました。

教材のつくり方

• ペットボトルに量を変えて砂を入れる。

• キャップには，様々な表情を描く。

オーダーメイドのポイント

　実態のないものを可視化するために，ペットボトルと砂を活用しました。持ち上げて重さを体感できるようにキャップを付属しておきます。また，「砂を出そうとすると時間がかかる」ように「一度入ったストレスはなかなか取り除くことができない」など，砂の動きを気持ちに例えながら学習をします。

⑪⓪ アレンジ① 心のキャパシティ
強み　大きいや小さい，硬いや柔らかいがわかる

教材の主な材料
- ガラスのコップ　・鉄のコップ　・ビン
- プラケース　・お弁当用カップ　・小鉢
- お弁当用調味料入れ

オーダーメイドのポイント
　人によって心のキャパシティの形や大きさは様々であることを学べるように，様々な入れ物を用意して水を入れながら学びます。

⑪⑪ アレンジ② くしゃくしゃ紙の気持ち
強み　折り紙などを触ることができる

教材の主な材料
- 折り紙　・アルミホイル　・画用紙
- ティッシュペーパー　・新聞紙

オーダーメイドのポイント
　怒ったときは？→むしゃくしゃした気持ち→紙をくしゃくしゃにする→その紙を受け取った人（手の感触も答える）はどんな気持ち？の手順で自分や相手の気持ちを想像します。

⑪⑫ アレンジ③ 色水ボトル
強み　色遊びが好き，水を注ぐ動作ができる

教材の主な材料
- お弁当用調味料ボトル（小さい容器など）
- 色水を入れるコップ（透明だと見やすい）

オーダーメイドのポイント
　どんなに嬉しい色（出来事）でも，たくさんの予定が重なり，色々な気持ちが入ってくると黒くなってしまう（疲れてしまう）ことを色水を活用して考えます。

人間関係
教師や友達と協力する学習

113 コロコロカタツムリ
強み　指で押すことができる

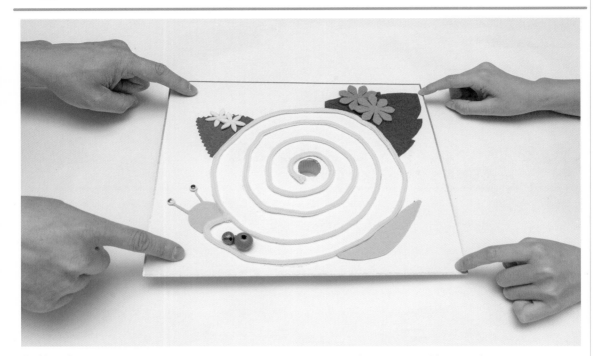

指導の流れ

①ペアになって向かい合って座る。

②色紙の４つ角をそれぞれの指で押す。

③力を入れたり，抜いたりしながら，中心の穴を目指す。

④協力していることを意識できるように声かけをする。

みとりのポイント

　声かけのみで，「仲良くしよう」「協力しよう」の理解が難しい，ゲームなどでは，負けると悔しくて癇癪を起こしてしまうなどの姿が見られる場合には，友達と協力でき，負け

のないゲームに取り組みます。

教材のつくり方

• 色紙に木工用ボンドで太めのひもを貼る。

• 目や体を様々な素材で作成する。

オーダーメイドのポイント

　デザインにカタツムリを採用したことで，くるくる動かすことがイメージしやすくなりました。転がす玉は，球体の鈴を使用すると音が鳴ってわかりやすいです。色紙の厚みとサイズがおすすめです。友達と一緒にゴールを目指すこと，ゴールして一緒に喜ぶことができるように教材の難易度を調整します。

114 アレンジ① スプーン迷路
強み スプーンを使うことができる

教材の主な材料

- ダンボール ・スプーン ・豆
- 色ペン ・フェルト

オーダーメイドのポイント

　ダンボールを押さえる人，前からヒントを言う人，後ろからプレイする人，と役割を決めて取り組む少人数で協力する学習です。スプーンで豆をすくってゴールまで運びます。

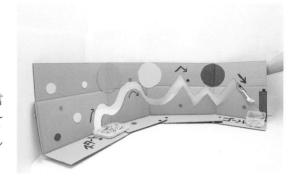

115 アレンジ② パクパクひらがな
強み ひらがなを読むことができる

教材の主な材料

- 透明コップ ・ガチャガチャのカプセル
- ボール ・ひらがなシール ・色ペン

オーダーメイドのポイント

　投げて入れたくなる教材ですが，友達の声を聞いて，声かけと同じボールを入れていきます。A児「あ」に入れてください→B児「あ」に入れる→次の指示に進めます。

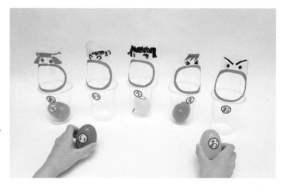

116 アレンジ③ ひらがなビンゴカード
強み ビンゴが好き

教材の主な材料

- 色画用紙 ・マスキングテープ

オーダーメイドのポイント

　ひらがなでビンゴを楽しみます。マスキングテープを活用すると簡単に折り曲げたり，剥がしたりできます。そのまま印刷する場合は，透明おはじきなどを活用するとコストを削減できます。

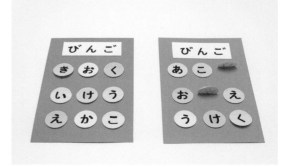

自立活動

人間関係

ペアで学ぶ
コミュニケーションの学習

(117) コップコミュニケーション

強み ストローや棒を持つことができる

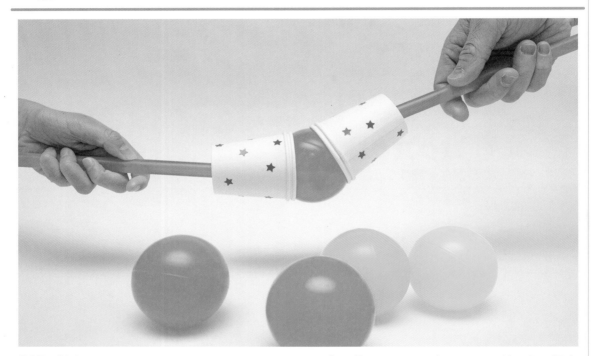

指導の流れ

①教材を人数分用意する。

②ペアで学習する。

③それぞれが紙コップの教材を手に持ち，一緒にボールを持つ（上の写真のように紙コップで挟むように持つ）。

④スタートからゴールまで，ボールを落とさないように運ぶ。

みとりのポイント

　友達との競争では，負けて悔しかったり，できないことがあると意欲が低下してしまったりする場合でも，友達と一緒に楽しむことで意図的にコミュニケーションができる場を設定します。

教材のつくり方

• 太めのストローを，穴を開けた紙コップに通して固定。もう1つの紙コップを重ねて，ストローの穴が見えないようにする。

オーダーメイドのポイント

　紙コップを小さくすると難易度が上がります。紙コップを大きくする場合は，透明なコップにすることで，ボールが入っているのを確認しながら取り組むことができます。

118 **アレンジ①** # コップパス
強み 手でつまむことができる

教材の主な材料

- 空き箱　・厚紙　・竹串　・紙コップ
- ピンポン玉　・フェルト

オーダーメイドのポイント

　相手の背面（ゴール）に向かって速く転がすゲームはありますが，この教材ではコミュニケーションが学習のめあてとなっているので，キャッチボールを楽しむように取り組みます。

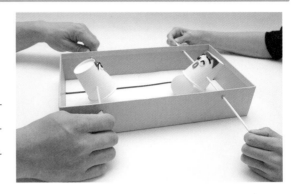

 119 **アレンジ②** # コロコロお花入れ
強み お花が好き，蝶々が好き

教材の主な材料

- ダンボール　・スポンジボール
- フェルト

オーダーメイドのポイント

　1人で取り組むときには，ボールを目で追いかけることや両腕をスムーズに動かせるように声かけをします。2人で取り組むときには，相手と呼吸を合わせるように学びます。

120 **アレンジ③** # じゃんけん陣取り
強み じゃんけんのルールを知っている

教材の主な材料

- マス目を書いた紙　・色鉛筆

オーダーメイドのポイント

　じゃんけんをして，勝った人がマス目に自分の色を塗っていきます。写真のように，ぐー・ちょき・ぱーの合計が6マスになるように自分で点数を決めると，面白さが増します。最終的に自分の色のマスが多い方の勝ちです。

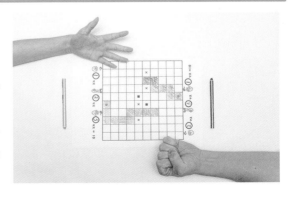

自立活動

心
リラックスする学習

こんな子に

好きなもので気持ちを落ち
着けたい子

121 キラキラ傘

強み　お花が好き，キラキラが好き

指導の流れ

①自分の学習が終わったとき，集中が途切れ
　てしまったとき，不安なときなどに教師に
　伝える。

②教材を受け取り，個別スペースで学習に取
　り組む。

③必要に応じてタイムタイマーをセットして
　時間まで取り組む。

みとりのポイント

　イライラしているときや不安なときに，好
きなことに取り組むと落ち着く子には，あら
かじめ教材を準備しておきます。

教材のつくり方

・ダンボールを傘の形に切り抜く。

・雨のようにお花を置いている部分は，色の
　ついた木平棒。

・木平棒の上に同じ色の花を並べる。

・傘は，自分の好きな柄になるように花を並
　べる。

オーダーメイドのポイント

　好きなものに取り組むとリラックスしたり，
不安を和らげたりできます。キラキラしたお
花（ハンドメイド用パーツ）など，かわいい
デザインのもので作成します。

122 アレンジ① 色ゆび体操

強み　色がわかる，教師と会話することが好き

教材の主な材料

- 白紙　・黒ペン（子どもの手形を縁取る）
- 指示カード　・色鉛筆

オーダーメイドのポイント

　自分の体が思うように動かせずイライラしてしまう子に，一緒に楽しみながら指を意識し，リラックスできる学習です。教師が指を動かす役をやるなど会話を大切にします。

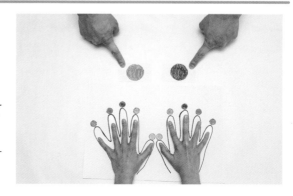

123 アレンジ② 色の橋渡しパズル

強み　色がわかる，ものをゆっくり置くことができる

教材の主な材料

- ペットボトルのキャップ　・色木平棒

＊キャップと棒は，同じ色のものを用意する。

オーダーメイドのポイント

　学習が速く終わった子へのごほうびタイム（自立活動）などにおすすめです。落としても音が静かで，落ち着いて取り組めます。キャップの数を増やすと難易度が上がります。

124 アレンジ③ くねくね色道

強み　できることがあると夢中になることができる

教材の主な材料

- 数字と線を書いた紙　・色鉛筆

＊線はくねくね長くする。

オーダーメイドのポイント

　ぬりえをするとリラックスする子は，線の上をなぞったり，同じ数字に色を塗ったり，指示を追加した教材を作成することで，難易度を上げて，取り組む力を育てます。

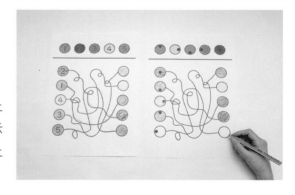

自立活動

心

なぞる
運筆の学習

125 バイクで GO
強み　バイクが好き，車遊びなどが好き

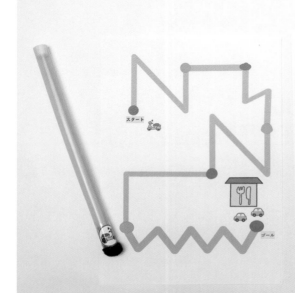

指導の流れ

①鉛筆の持ち方を確認する。

②線の上をなぞる動きを確認する。

③スタートからゴールまで教材を動かす。

④赤や青の円は，休憩ポイントで止まる。

⑤ゴールまで着いたら教師に伝える。

みとりのポイント

　筆圧の調整が難しい，マスの中に文字を書くことが難しいなど，書字に関する難しさがある場合には，なぞり書きの学習で，力の入れ方や手首の動かし方など運筆の視点からアプローチをします。

教材のつくり方

• ラミネート加工した紙などにホワイトボード用マーカーなどで線を書く。

• 硬めのストローなどの先端にホワイトボード用消しゴムなどをつける。

• 先端にバイクのシールを貼る。

オーダーメイドのポイント

　学習する・勉強するという言葉に苦手意識のある場合には，遊びの要素を取り入れて学習を考えます。鉛筆を止めて教材の先端や書かれている線に注目してほしいときなどには，「バイクの駐車場だよ」など声かけします。

126 アレンジ① 手首トレーニング
強み　すべる感覚が好き

教材の主な材料

- 色画用紙　・白画用紙
- 鉛筆　・フェルトボール

＊白画用紙を切り抜いて色画用紙に貼る。

オーダーメイドのポイント

　子ども達が繰り返し手首の動きを学習できるように鉛筆にフェルトボールを取りつけました。

127 アレンジ② 果物の名前
強み　ひらがなに興味を示している

教材の主な材料

- 果物のイラスト（果物の名前を書く）

＊必要に応じてラミネート加工する。

オーダーメイドのポイント

　子ども達の好きな色，見える色でイラストの上に書かれた果物の名前をなぞる学習です。鉛筆の前のステップとして指でなぞります。

128 アレンジ③ マグネットなぞり
強み　マグネットなどを動かすことが好き

教材の主な材料

- ブラックボード（黒いホワイトボード）
- 厚紙や白画用紙（カッターでひらがなの形に切り抜く）
- マグネット

オーダーメイドのポイント

　授業で使用している教科書体などを使用して作成します。指でマグネットを操作します。

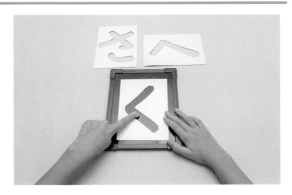

形を描く
図形の視写の学習

129 図形模写〜マスの位置〜
強み　△や○の形を描くことができる

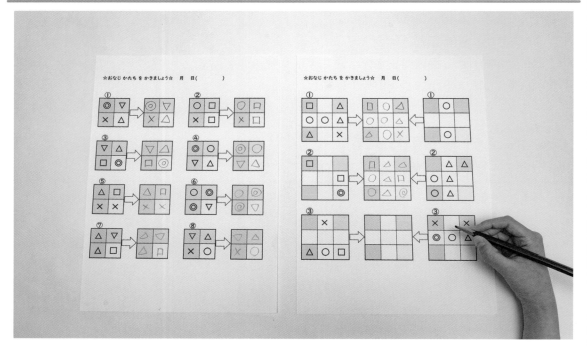

指導の流れ

①△や○など，使用する形が描けることを確認する。

②４マスの色が見えているか確認をする。

③マスの位置に気をつけながら描く。

④すべて描いたら教師に伝える。

みとりのポイント

　子ども達のノートや漢字ドリルを観察した際に，マスから文字がはみ出している，整った形で文字を書くことが難しい様子が見られた際には，マスの位置関係を把握する教材でアプローチをすると効果的です。

教材のつくり方

・子ども達の見える色（白に近いコントラスト，色合い）をマスにつける。

・２×２＝４マスや３×３＝９マスを作成する。

・４マスで１つ，９マスで１つと認識できるように，外枠は太くする。

オーダーメイドのポイント

　文字を書く際に必要な見る力である平面の空間的な位置関係を把握する力にアプローチをする教材です。１日１枚でいいのでコツコツトレーニングを続けることが大切です。

130 アレンジ① マス角マグネット置き

強み 点と点を線でつなぐことができる

教材の主な材料

- ホワイトボード　　・マグネット4色
- ホワイトボード用ペン

オーダーメイドのポイント

　マスの角にマグネットを置き，注目できるようにした教材です。教師が点を描く，点と点を線でつなげる，マグネットを置く学習で，マスの大きさにも意識を向ける教材です。

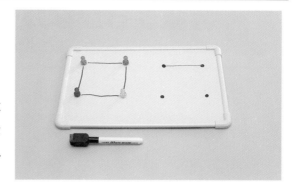

131 アレンジ② 触れる同じ大きさ

強み 重ねたり，触ったりすると理解できる

教材の主な材料

- ブラックボード　　・白紙　　・鉛筆
- スチレンボード　　・マグネットシート

オーダーメイドのポイント

　スチレンボードを三角形などの形に切ります。底面にマグネットシートを取りつけてズレないようにします。同じ大きさになるように触って確認しながら視写します。

132 アレンジ③ 線の長さがわかるひも

強み 長い・短いがわかる

教材の主な材料

- 色画用紙　　・ボタンやマグネット
- ひも（色画用紙に描いた線と同じ長さ）

オーダーメイドのポイント

　文字をバランスよく書くことが難しい場合には，線の長さを意識できるような教材でアプローチをします。見本で描かれた線の上に，同じ長さのひもを置きます。

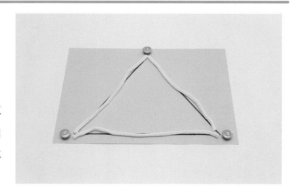

ひらがな
ひらがなの学習〜音を分解してみよう〜

133 音韻ひらがなカード
強み　イラストがあるとイメージができる

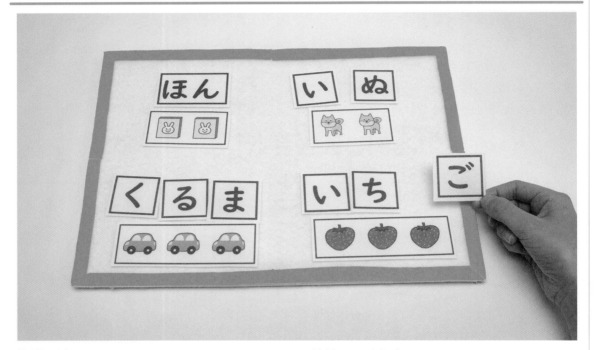

指導の流れ

①「いちご」を「い」「ち」「ご」と音を分解する学習であることを伝える。

②イラストを見ながら指でタッチして「い・ち・ご」と声に出して読む。

③「い」のカードからイラストの上に並べていく。

みとりのポイント

　ひらがなを書くことが難しい，または，単語として読むことが難しいなどの場合には，音韻操作にアプローチすることが効果的な場合があります。

教材のつくり方

• 板にパネルシアター用の布を貼る。

• パネルシアター用紙に印刷したひらがなやイラストを切って操作できるようにする。

オーダーメイドのポイント

　子ども達の知っている言葉や好きなものをイラストにします。音韻操作の学習の際に，合成は，イラストを1つにまとめる。分解は，上の写真のようにイラストを文字数分用意すると子ども達がイメージしやすいです。読めるひらがなが増えてきたら，学習開始の合図です。

134 アレンジ① 透明ひらがなカード

強み　重ねることが好き，探すことが好き

教材の主な材料

- ラミネートした土台用シート
- ラミネートした透明ひらがなカード

オーダーメイドのポイント

　見本のシートは，ひらがなの縁取り部分だけが色づけしてあり，透明ひらがなカードを重ねると同じ文字か違う文字かを自分で判断することができます。

135 アレンジ② スポンジひらがなパズル

強み　パズルが好き，カラフルが好き，スポンジの触感が好き

教材の主な材料

- スポンジ　・フェルト　・見本シート

オーダーメイドのポイント

　100円ショップやホームセンターに薄いスポンジが販売されています。フェルトは，コピー用紙などに印刷したひらがなを重ねてハサミで切ると教科書体などに切りやすいです。見本シートもあるとわかりやすいです。

136 アレンジ③ ひらがなキャラクター

強み　キャラクター遊びなどが好き，人形が好き

教材の主な材料

- スポンジ　・フェルト
- 木平棒　　・目玉

オーダーメイドのポイント

　スポンジなどで作成したひらがなに，木平棒を取りつけて手で持てるようにしました。ひらがなに興味をもって学習に取り組めるように目玉をつけてキャラクターにしました。

国語
ひらがな

漢字
漢字の学習

137 イラストヒント
強み　絵を見ると思い出すことができる

指導の流れ

①学習した漢字，覚えている漢字を確認するためのテストであることを伝える。

②イラストと漢字カードを子どもに配付する。

③覚えている漢字をイラストの上に置いていく。

みとりのポイント

　漢字を覚えているけど，文字だけのテストになると解答することが難しい，漢字を読むことはできるけど書くことが難しい場合などには，思い出や生活経験などエピソード記憶にアプローチできるようにイラストや写真を活用すると効果的です。

教材のつくり方

・イラストや写真で問題用紙をつくる。

＊日常生活の場面に多く出てくるものが好ましい。

＊漢字カードは，普段使用しているドリルや教科書と同じ書体であるとわかりやすい。

オーダーメイドのポイント

　「カードを選んで置く＝読むことができている」と評価できるため，必ずしも書くことだけにこだわらずに柔軟な学習方法を提供していくことが大切です。

138 アレンジ① 漢字パズル
強み　一部でも見えると漢字を思い出すことができる

教材の主な材料

・色画用紙　・色紙

＊紙に漢字を印刷して，正方形に切り，パズルのようにしていく。

オーダーメイドのポイント

　はじめのうちは，パズルの断面で判断することもありますが，繰り返し取り組む中で，楽しく漢字を記憶していきます。

139 アレンジ② 透明漢字パズル
強み　繰り返し操作しながら考えることができる

教材の主な材料

・漢字リスト　・土台カード

・透明漢字パーツ（ラミネート加工）

オーダーメイドのポイント

　部首など漢字の一部を土台シートにします（見本写真の雨部）。残りの部分を切り抜いてラミネート加工することで，透明なカードを作成することができます。

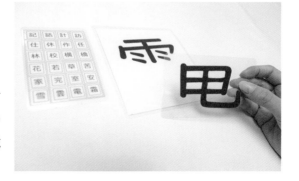

140 アレンジ③ くるくる漢字パズル
強み　指先を動かして操作することが好き，マグネットのくっつく感覚が好き

教材の主な材料

・ペットボトルのキャップ　・マグネット

・印刷した漢字シールを貼る

オーダーメイドのポイント

　マグネットの取りつけ方に気をつけながら作成します。左側はS極，右側はM極を取りつけることで，逆さまの状態でくっつくことを防ぐことができます。

文章問題
文章を読んで考える学習

141 文章理解ヒントキャップ

強み　たし算やひき算の計算ができる

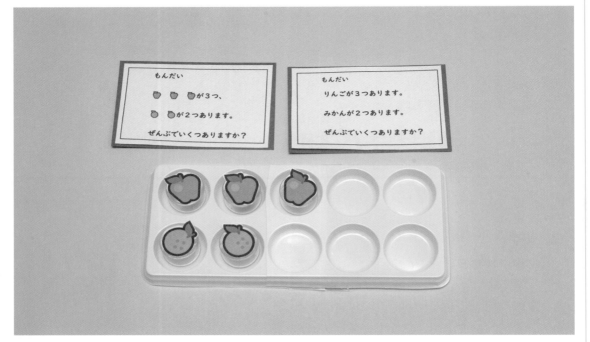

指導の流れ

①たし算やひき算の概念が理解できていることを確認する。

②子どもが文章を自分で読む。

③教師が文章を復唱する。

④一緒に文の意味を考える「りんごが３つ，どういうことかな？」

⑤キャップを操作しながら考える。

みとりのポイント

　会話の中では理解できているけど，文章になると理解することが難しいということがあります。その場合には，「一文ずつ読む→キ

ャップを操作する」ように，文章全体を読んだあとに少しずつ確認・理解していくことができるようにアプローチします。

教材のつくり方

・おかしのケースなどを用意する。

・ペットボトルのキャップに果物などのイラストを描く・貼る。

・教科書や自作した文章問題を用意する。

オーダーメイドのポイント

　今回は，計算ができるという強みをいかして，まずは，算数の問題で文章を読むことができるように操作する教材を作成しました。

142 アレンジ① 本物のりんごとみかん
強み　りんご（みかん）が好き，りんご（みかん）を食べたことがある

教材の主な材料

- 本物のりんご　　・本物のみかん
- 文章問題

オーダーメイドのポイント

　子ども達は，本物を見ると興味関心が高まります。触ってみたり，匂いを嗅いでみたり，本物だからこそ，生活経験に結びついた学習ができるというメリットがあります。

143 アレンジ② 写真のりんごとみかん
強み　「本物のりんごとみかん」の問題ができる

教材の主な材料

- りんごの写真　　・みかんの写真
- 文章問題

オーダーメイドのポイント

　本物を使った学習の次のステップは，写真です。写真を指でさしたり，「りんごが３つあります」という文は，どの写真をさしているのかを考えることで理解が深まります。

144 アレンジ③ イラストのりんごとみかん
強み　「写真のりんごとみかん」の問題ができる

教材の主な材料

- イラストが描いてある問題
- 文章問題

オーダーメイドのポイント

　教材番号141では，操作できるキャップを使用しながら学習をしますが，この教材は，イラストと文章のみで考えます。文章を読んで絵を描く学習もおすすめです。

国語
文章問題

文章を書く
助詞についての学習

145 ミニ助詞カード
強み 消しゴムで消すことよりも，操作することが好き

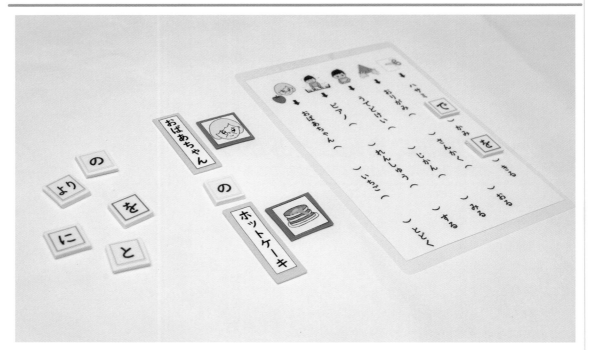

指導の流れ

①助詞の活用方法について知る。

②身近な人を主語にして，文を考える。

③ミニ助詞カードを当てはめながら，教師が黒板にイラストを描いて説明をする。

みとりのポイント

　文章の学習をする際に，アプローチしていきたい力が，主語や述語の関係，名詞・助詞・動詞の関係，語彙，です。特に「単語だけで会話をする子」については，一見生活はできているように見えても，多くを視覚情報に頼っている状態かと想像できますので，語彙の増加や助詞の使い方について指導を進めていきたいです。

教材のつくり方

・ミニ助詞カードは，プリントの上における操作がしやすいサイズに作成する。

・助詞は，子どもの実態に合わせて数を調整する。

オーダーメイドのポイント

　印刷してラミネート加工をするだけでは，薄くて操作が難しいので，厚紙やスチレンボードを活用して厚みを出します。

146 アレンジ① 視写アルバム
強み 本に書き込むことができる

教材の主な材料
- 写真を貼るアルバム（指導したい語彙を記入）
- イラスト　・ペン

オーダーメイドのポイント

　視写をして書きながら覚えることができる子は，どんどん学習ができるように教材を作成します。アルバムや本のようにすると，終わったときに，より達成感を感じられます。

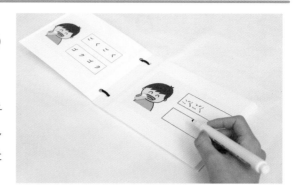

147 アレンジ② 組み立て文章ボード
強み 机上に残ると自分のペースで学習することができる

教材の主な材料
- スチレンボード　・イラスト
- 文字（印刷して切る）・色画用紙

オーダーメイドのポイント

　文章を学習する際には，知っている語彙を順序よく（相手に伝わるように）並び替える必要があります。頭の中の処理を可視化し，机上で操作できるようにして記憶力を支援します。

148 アレンジ③ 吹き出し助詞
強み 赤で書くと重要なポイントだと感じることができる

教材の主な材料
- 色画用紙
- 文章を印刷した紙（見本用の吹き出しは答えを赤で記入，解答用の吹き出しは空欄にする）

オーダーメイドのポイント

　集中の持続が難しい子や誤答で意欲が低下してしまう子は，一問一答で取り組むことができるようにカードタイプにします。

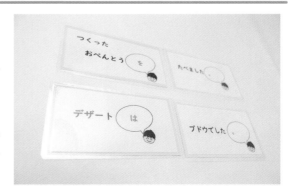

語彙
語彙の学習

149 言葉の花びら
強み　ひらがなを読むことができる

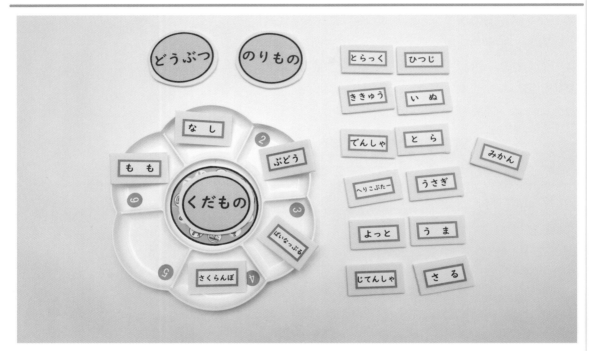

指導の流れ

①言葉の仲間について理解する（さくらんぼは，赤の仲間にもなるし，果物の仲間にもなるなど）。

②パレットの使い方を知る（中央には，仲間集めのキーワード，花びらの位置には，6個の語彙）。

みとりのポイント

　生活や学習の場面で，語彙を覚えたけど，使い方が変わると認識が難しい子や漢字を覚えたけど，前後の言葉や文章が変わると認識することが難しい子には，まずは，仲間集め

からアプローチしていきます。

教材のつくり方

・絵の具用のお花パレットを用意する。

・6までの数字シールを貼って個数が確認できるようにする。

・語彙のカードを作成する。

オーダーメイドのポイント

　「赤い果物は何？」などを想像し，ゲーム感覚で楽しむことができます。色や形，用途など，語彙についての知識を増やしていくことが，「学んだことを般化していく力の獲得」への第一歩になると思います。

150 アレンジ① 言葉キャップ入れ
強み ひらがなを読むことができる

教材の主な材料

- プラスチックのケース（それぞれのマスの底には，語彙が書かれている）
- ペットボトルのキャップ（イラストを描く・貼る）

オーダーメイドのポイント

キャップなどを操作する際には，どちらから見ても大丈夫なように両面に絵を貼ります。

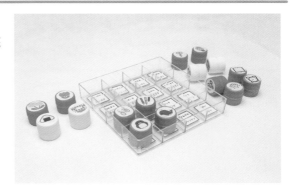

国語　語彙

151 アレンジ② 絵と言葉合わせパズル
強み 積み木やパズルが好き

教材の主な材料

- 木製のパズル　・イラストや写真
- 語彙（シール印刷やペンで記入）

オーダーメイドのポイント

パズルのように上下左右との組み合わせを楽しむ要素や神経衰弱のように記憶の要素を取り入れるなど，語彙の学習にバリエーションをつけることで楽しめます。

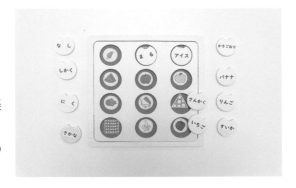

152 アレンジ③ 表情カード
強み 人の表情がわかる

教材の主な材料

- 色画用紙　・表情カード（イラストや写真）

オーダーメイドのポイント

乗り物や食べ物などは，市販の教材やイラスト集もたくさんあるので，教材を準備しやすいですが，「表情」はなかなかありません。まずは，自分の表情を写真に撮って活用するなど，わかりやすい教材を作成しましょう。

5まで
1〜5の数詞・数・数字の学習

 5までの数のカラフル棒
強み　棒をスチレンボードなどにさすことができる

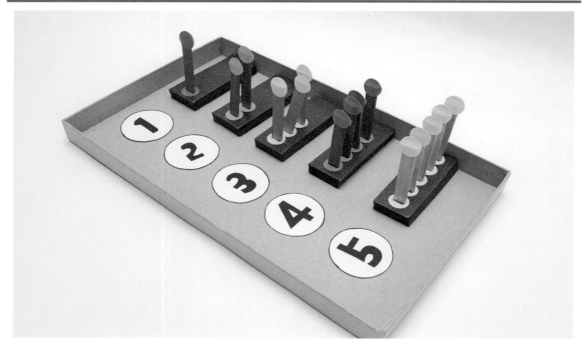

指導の流れ

①教師と一緒に1〜5の数詞を確認する。

②数詞と数字が一致していることを確認する。

③数字を見ながら，木平棒をさしていく。

④教師と一緒に数えながら木平棒の数が合っているか確認をする。

みとりのポイント

　数の概念の獲得を目指す際には，紙に描かれた絵を数えるだけではなく，りんごなどの実物やおはじき，ブロックなどの手で触ることのできる教材で学習すると効果的です。

教材のつくり方

• ダンボールや空き箱に数字を書く。

• スチレンボードに数字に合わせてシールを貼り，切り込みを入れる。

• シールと木平棒は同じ色にする。

オーダーメイドのポイント

　シールと木平棒の色を揃え，「ヒントとして色がわかる」強みをいかせるようにしました。スムーズに解答できるようになってきたら，木平棒の色をすべて同じにするなど難易度を調整していきます。また，シールは土台のスチレンボードを補強する役割もあります。

154 アレンジ① 5までの数のお花おはじき
強み　重なると数が多くなっていくことがわかる

教材の主な材料

- ペットボトルのキャップ　・お花おはじき
- 綿棒や木ダボ　・フェルト　・数字カード
- 土台用シート（滑らない素材がおすすめ）

オーダーメイドのポイント

　おはじきなどを並べて学習をした後に，重ねて高さを出すことで数の量感覚を養っていくことを目指した教材です。

155 アレンジ② 星パネルシアター
強み　貼っていくことが楽しい

教材の主な材料

- パネルシアター用紙　・フェルト
- 星・数字カード（パネルシアター用紙で作成すると土台にくっつけて学習できる）

オーダーメイドのポイント

　パネルシアター用紙を活用すると立てかけても星などが落ちないため便利です。教室の前で発表する場面などにも活用できます。

156 アレンジ③ りんごパネルシアター
強み　実物に似ているとイメージができる

教材の主な材料

- ハンドメイド用素材（りんご）
- フェルト　・パネルシアター用紙
- 数字カード（画用紙や折り紙で作成）

オーダーメイドのポイント

　実物に似ている素材を活用する際には，誤飲をしないように，必ず日常生活の中で観察をします。

10まで
1〜10の数詞・数・数字の学習

157 10までのハリネズミ
強み　ハリネズミが好き，ものをつかんだり，置いたりする操作ができる

指導の流れ

① 1〜10の数詞・数・数字を確認する。

② トゲトゲをそこに書かれた数字と同じ数の
　ドットが描かれた穴の上に置くことを知る。

③ すべてのトゲトゲを置くことができたら教
　師を呼ぶ。

みとりのポイント

　ドリルやプリント学習に飽きてしまい離席
してしまう回数が多い子や学習はしたいけれ
ど鉛筆を持つことが嫌いな子など，好きな動
物などを教材に反映させながら，楽しく学ぶ
ことができるように工夫をします。

教材のつくり方

• トゲトゲは色画用紙に数字を書き円錐にす
　る。

• ハリネズミの体の部分は，段ボールなどで
　高さを出すとトゲトゲが安定する。

• 穴の中には，1〜10のドットを描く。

• 顔の部分は，やわらかい雰囲気を出すため
　にフェルトで作成する。

オーダーメイドのポイント

　素材の色味や触感を大切にして作成しまし
た。フェルトを活用すると優しい雰囲気やか
わいい雰囲気になります。

158 アレンジ① どんぐり数え

強み　葉っぱやどんぐりが好き

教材の主な材料

- フェルトと糸（葉っぱ）
- フェルトボールとモール（どんぐり）

オーダーメイドのポイント

　葉っぱには，数える際のヒントになるように，5＝5箇所，10＝10箇所ずつ糸で×印をつけました。モールやフェルトの摩擦で転がりにくく作成できました。

159 アレンジ② 10のまとめゴム

強み　ゴムでまとめることができる

教材の主な材料

- プラスチックの棒　・髪ゴム

オーダーメイドのポイント

　10のまとまりの学習に指先の運動を取り入れた教材です。見本写真の棒は，細く見えますが，子どもの手のサイズに合わせて，硬めのストローや数え棒などを活用すると，まとめる動作がスムーズになります。

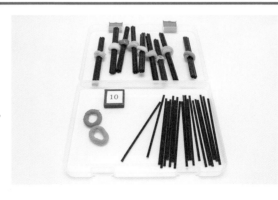

160 アレンジ③ 数を比べるボード

強み　触ることができる，作品になる喜びを感じることができる

教材の主な材料

- スチレンボード　・フェルトボール
- 竹串　・ビーズ　・数字シール

オーダーメイドのポイント

　竹串にさして数を学習したり，ビーズを数えて学習をした後には，作品として学習の記録を残すことで達成感を感じることができます。学校や家庭に飾るとかわいいです。

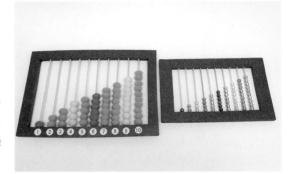

算数

10まで

たし算
12までのたし算の学習

161 サイコロたし算ゲーム
強み　数字のマッチングができる

指導の流れ

①サイコロのドット（数）と数字が理解でき
　ているか確認をする（●●●＝3）。

②赤と青のサイコロをふる。

③赤と青のサイコロそれぞれの数字を置く。

④頭の中で計算をしたり，サイコロのドット
　を数えたりして合計を出す。

⑤黄色枠に合計数のサイコロを置く（7であ
　れば1と6，2と5，3と4どれも正答）。

⑥黄色に合計の数字を置く。

みとりのポイント

　式の計算はできるけど，文章問題や口頭問

題だと計算が難しい子へ効果的です。

教材のつくり方

・サイコロは，100円ショップや玩具屋で購
　入する。

・土台は，フェルトと木工用ボンドで作成す
　る。

オーダーメイドのポイント

　生活の中で計算する力をスムーズに応用す
るためには，様々なもので学習をすることが
大切です。たくさんのものに触れて，数えて，
理解していくと，知識が積み重なっていきま
す。サイコロは，子ども達に人気です。

162 アレンジ① 指で数えるマシーン
強み　ゆっくり考えると理解できる

教材の主な材料

・軍手　・ボード　・数字カード　・白紙

オーダーメイドのポイント

　自分の指で数えると，指を曲げている間に，何を数えていたかわからなくなってしまう子などには，軍手などを活用して自分の指の代替えをします。また，答えは選択式にすることで書いたり消したりする時間を減らします。

163 アレンジ② 虫くん数え
強み　虫が好き，サイコロが好き，遊びに意欲的

教材の主な材料

・ホワイトボード　・マグネット　・目玉
・フェルトボール　・フェルト

オーダーメイドのポイント

　サイコロを振ったり，目玉のある虫くんを数えたり，子どもの好きを詰め込んだ教材です。フェルトボールや虫くんにマグネットをつけるとピタっとして活用しやすいです。

164 アレンジ③ 筆算ブロックシート
強み　ブロックで考えると理解できる

教材の主な材料

・教科書と色を合わせた筆算シート

オーダーメイドのポイント

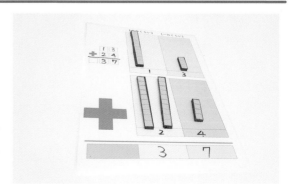

　「もう〇年生なのだから，ブロックは使ったらいけません！」という声かけよりも，子どものわかりやすい計算方法で学習の機会を提供することが大切であり，個別最適な学びを実現するための空気感も大切です。

算数

たし算

ひき算
ひき算の概念を理解する学習

食いしん坊のうさぎさん
強み　うさぎが好き，ごっこ遊びが好き

指導の流れ

①ひき算は「減ること，なくなること，少なくなること」を知る。

②教師の指示「人参が10本あります。3本食べさせてあげましょう」を聞いて，人参をうさぎさんに食べさせる。

③教師と一緒に残った人参の数を確認する。

みとりのポイント

　平面に描いた図や数字では概念の理解が難しい場合には，「実際になくなった，減った」という体験を擬似的に経験できるように教材や授業を設定することが大切です。

教材のつくり方

• 人参は厚紙とフェルトをハサミで切り，木工用ボンドでくっつける。

• うさぎの裏面は，空き箱などで安定して立つようにし，口の部分は人参を入れることができるように穴を開ける。

• 人参を置く土台は，スチレンボードに穴を開けて毛糸やモールを使って人参が落ちないように置く場所をつくる。

オーダーメイドのポイント

　子ども達は，お世話することが好きです。うさぎさんと一緒に楽しくひき算を学びます。

166 アレンジ① カウントダウンパネル
強み 教師と一緒に学ぶことができる，数字を読むことができる

教材の主な材料

- パネルシアター用紙　・フェルト
- 数字カード

オーダーメイドのポイント

　数についての概念を獲得していくステップとして，数唱と逆数唱を覚えます。ひき算であれば，「10→9→8……2→1→0」と逆数唱をする学習を取り入れていきます。

167 アレンジ② ひき算の式づくりシート
強み いちごは食べたらなくなると知っている

教材の主な材料

- 式の枠を書いたシート（ラミネート加工すると，ホワイトボード用マーカーで書いたり消したりすることができる）
- いちごなどの食べ物のイラスト

オーダーメイドのポイント

　式を説明する学習です。言葉で説明することが難しい子は絵で表現すると参加できます。

168 アレンジ③ ひつじさんのお世話
強み お世話が好き

教材の主な材料

- スチレンボード　・フェルトボール　・目玉
- ペットボトルのキャップ　・薄いスポンジ

オーダーメイドのポイント

　ひき算は，「数が減っている」ことをイメージすることが大切なので，キャップを2つ使い，中にフェルトボールが隠れるようにしました。

数える
前から○番目や並ぶ順番の学習

169 新幹線で GO
強み 新幹線が好き，乗り物に乗るというイメージがある

指導の流れ

①新幹線の前後について確認をする。

②前から順番にお客さんを乗せていく。

＊前から何番目の学習をする場合には，透明な部分に子どもの名前を書いておく。

③お客さんが全員乗車したら全員の数を数える。

みとりのポイント

　授業や学習に興味を示すことが難しい場合には，子どもの好きなものを取り入れると効果的です。今回であれば，子どもに人気の新幹線を題材に作成をしました。

教材のつくり方

• クリアファイルの外側部分にフェルトで作成した新幹線を貼る。

• お客さんと新幹線の窓の高さを一致させてお客さんカードをつくる（ラミネート加工をして切ると透明で使いやすい）。

オーダーメイドのポイント

　クリアファイルの内側でお客さんを操作できるように工夫しました。余分な刺激がないように透明な教材を心がけています。お客さんの顔は，全員バラバラにすることで数える時の混乱を防ぎます。

170 アレンジ① 透明おはじき
強み　おはじきを置くことができる

教材の主な材料

- クリアファイル　・白紙　・黒ペン

オーダーメイドのポイント

　数えているものが隠れないことで，数え間違いを防ぎます。右の写真は，クリアファイルを円に切って作成しましたが，玩具屋や100円ショップでも購入できる。透明チップや透明なおはじきを使用すると準備も簡単です。

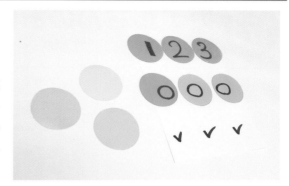

171 アレンジ② スノーブロック重ね
強み　重ねることができる，カラフルが好き

教材の主な材料

- スノーブロック（雪の形をしたブロック）
- 木ダボやストローなど　・土台の木
- 見本シート（数字の指示を記入）

オーダーメイドのポイント

　重ねることで量の感覚にもアプローチをします。見本シートを準備することで，子どもが1人でも取り組めるようにしました。

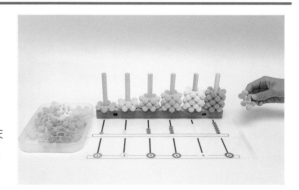

172 アレンジ③ ハートや星数え
強み　マグネットが好き，ハートが好き，星が好き

教材の主な材料

- ホワイトボード　・数字カード
- フェルト　・マグネット
- マスキングテープや油性ペン（黒線）

オーダーメイドのポイント

　左右のどちらを見ても確認ができるように数字を両端に設置しました。ハートや星など，子ども達が好きな形にデザインしています。

比べる
数の大小を比べる学習

173 カエルさんのお口
強み　不等号に興味がある

指導の流れ
①不等号の意味について確認する。

②「カエルさんは，食いしん坊だから，いつでもたくさん食べたい」と，大きい数に口を開けることを伝える。

③数を比べていく。

みとりのポイント
　高学年や友達の学習を見て，自分もやってみたい！知りたい！と興味をもつことがあります。「教育課程にないから教えない！」ではなく，うまく教材のデザインに取り入れると他学年の指導もしやすくなります。

教材のつくり方
・色紙をラミネート加工して作成したカードに数字を書く。

・ブロックや積み木など，操作して数えることができる材料を用意する。

オーダーメイドのポイント
　カエルさんが口を開くように大きい方を答えていく学習です。「カエルさんは，お腹が空いているから『たくさん』『いっぱい』『多い』数字を選びましょう」など，イメージが膨らむような声かけをします。

174 アレンジ① 長さ比べひも
強み ひもを引っ張ることができる

教材の主な材料
・ひも　・シール（ビーズや色テープでも可）

オーダーメイドのポイント
　ひもの長さを比べる際には，単純に長いと短いを比べるだけではなく，10cm ごとに目印をつけるなど，どのくらい短いのか？手で表すとどのくらいの長さなのか？などに注目できるように作成します。

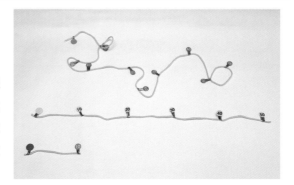

175 アレンジ② 重さ比べ天秤
強み ものを透明カップに乗せることができる

教材の主な材料
・バナナフック　・木棒　・ひも　・お皿
・ボール　・ストーン　・おはじき

オーダーメイドのポイント
　バナナフックは机上に置くと，子どもの目線の高さに近くなります。天秤は，左右で同じ素材を活用し簡易的に作成できます。同じ重さを計る際には，正確な天秤を使用します。

176 アレンジ③ 大きさ比べボックス
強み 積み重ねることができる

教材の主な材料
・方眼用紙　・厚紙　・折り紙
・トイレットペーパーの芯

オーダーメイドのポイント
　大きさを比べやすいように，方眼面を表にし，1cm ずつ大きく作成しました。底面は作成せず，コンパクトに収納できるようにしました。折り紙を巻き筒状にしてもかわいいです。

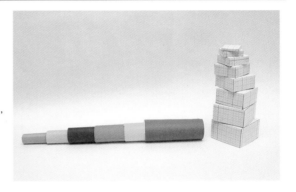

算数
比べる

大きな数
千の位や万の位の学習

 オーバーレイ〜数字重ね〜
強み　数字の読み方がわかる

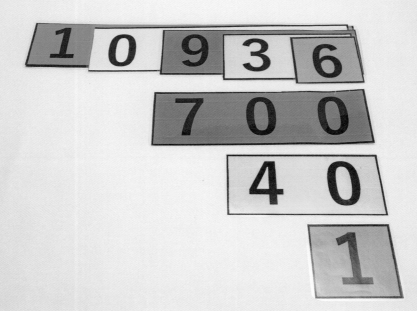

指導の流れ

①一の位から順に位について確認をする。

②教師は，数詞やひらがな，漢数字で問題を出す。

③指定された数になるように，大きい位の数字からカードを重ねていく。

みとりのポイント

　数字を書く際に「11（じゅういち）」を「101」と書く子や千の位などの数字の読み方・書き方に難しさを感じている子には，万が1こ，千が0こ，百が9こ，十が3こ，一が6こと，それぞれの位ごとに数字を認識できるようにします。

教材のつくり方

・位ごとに色を変えて数字カードを作成する。

・数字カードの背景の色は教科書と揃える。

オーダーメイドのポイント

　写真の700のように，100が7こあると理解ができるように右側を揃えてカードを重ねるとその位の数字だけが見えるようにしました。ラミネート加工をするとツルツルして操作が難しくなる場合があるので，裏面にフェルトを貼るなど厚みを出すことでスムーズに操作ができるようにします。

178 アレンジ① 位シート〜数字カード〜
強み 並べて見ると理解できる

教材の主な材料
- 位ごとに作成した数字カード
- 厚紙　・問題用の数字カード
- 位が記載されたシート

オーダーメイドのポイント

　数字カードは，厚紙で作成することで操作がしやすくなります。一番下は，書くときと同じように数字を並べていきます。

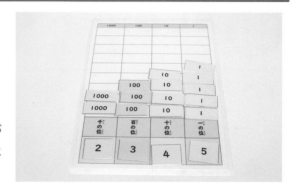

179 アレンジ② 位シート〜お金玩具〜
強み お金があるとイメージできる

教材の主な材料
- お金玩具
- 位が記載されたシート（ラミネート加工する）
- ホワイトボード用ペン

オーダーメイドのポイント

　位の概念を学習する際には，お金と一緒に学習をすると理解しやすくなることがあります。両替屋さんごっこなど楽しく学べます。

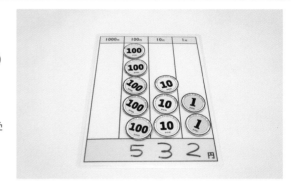

180 アレンジ③ 10の束〜1000の束〜
強み コツコツ続けることができる

教材の主な材料
- ストロー　・色テープ　・数字カード

オーダーメイドのポイント

　「1が10こ集まると10になる」このとき，「1が10こ」と「10が1こ」の意味の違いがわかるように10を束ねて1つにします。同じように100や1000を子どもと一緒につくり，大きな数を体感します。

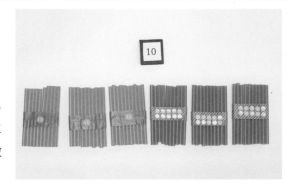

算数

大きな数

顔を描く
人物の顔を描く学習

181 写し絵シート
強み　なぞり描きができる

指導の流れ

①教師が，子どもの描きたい表情を聞きながら描く。

②教師の描いた見本の上に，トレーシングペーパーを置く。

③子どもが線をなぞり描く。

みとりのポイント

　絵を描くことに困り感のある子は，苦手意識が芽生え，絵を描くことを拒否してしまうことがあります。まずは，お気に入りのキャラクターや教師の描いた絵を写し絵することから始めると，楽しく図画工作の絵画表現の

授業に参加できるきっかけになるかもしれません。

教材のつくり方

・画用紙などの厚めの紙に顔を描く。

・トレーシングペーパーを用意する。

オーダーメイドのポイント

　写し絵をする際に，紙がズレてしまう場合には，マスキングテープで固定をします。筆圧が強くて紙が破けてしまう場合には，油性ペンなどを使用します。持ち手を補強したクレヨンなども効果的です。子ども達の実態に合わせて教材をアレンジします。

182 アレンジ① どんな目こんな目カード
強み　比べて考えることができる

教材の主な材料

- フェルト　・顔の枠　・様々な形の目
- 色画用紙

オーダーメイドのポイント

　人物画を描く際に，毎回，目を点（・・）で描いている子へアプローチした教材です。目のバリエーションを増やすことで作品に表情をつけることができます。

183 アレンジ② 色々・顔モンタージュ
強み　福笑いの楽しさがわかる

教材の主な材料

- フェルト　・顔の枠　・様々な顔のパーツ
- 色画用紙

オーダーメイドのポイント

　自分の顔を鏡で見ながら，福笑いのようにパーツを置いていきます。完成した顔を見本にして，画用紙に自分の顔を描いていくことで1つの目安とすることができます。

184 アレンジ③ 顔の描き方順番シート
強み　手順表を見ることができる

教材の主な材料

- 顔を描く手順を示した手順表

オーダーメイドのポイント

　「輪郭→耳→目→眉毛→鼻→口→髪の毛」のように，顔を描く手順を子どもと一緒に考えて，子どもが描きやすい手順の手順表を作成します。はじめのうちは，手順表と同じ形の紙を活用しながら1つずつ描き方を確認します。

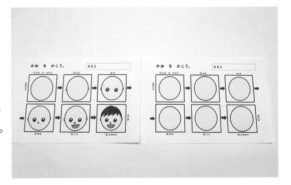

図画工作
顔を描く

ぬりえ
白い部分がなくなるように，枠の中を塗る学習

185 ブラックぬりえ
強み　クレヨンで色をつけることが好き

指導の流れ

①白い部分を塗ることを伝える。

②白い部分がなくなるように塗ることを伝える。

③クレヨンや色鉛筆の持ち方を伝える。

④すべての色が塗り終わったら教師に伝える。

みとりのポイント

　ぬりえをすると，白い部分が残ってしまう子，枠からはみ出してしまい，隣の絵に被ってしまう子などには，背景をすべて黒にしたぬりえが効果的です。塗る部分を明白にして，塗ることに集中できるようにします。

教材のつくり方

・円や三角形などの基本の形から図形を描く。

・背景をすべて黒にして印刷をする。

オーダーメイドのポイント

　背景が黒になることで，「はみ出してしまう」という概念をなくした教材です。教師も注意する回数が減るので，肯定的に声かけすることができます。色塗りが難しい子には，塗るという手や指の運動，「白い部分がなくなるように塗る＝きれいに塗る」ことができるように，シングルタスクにした授業を計画し，成功体験を積めるようにします。

186 アレンジ① ミニブラックぬりえ

強み 「ブラックぬりえ」をクリアできる

教材の主な材料

- ぬりえを印刷した紙
- クレヨンや色鉛筆

オーダーメイドのポイント

　「ブラックぬりえ」を達成できたら，次のステップとしてサイズを小さくしたぬりえに挑戦します。枠は四角形にして，塗る位置がわかりやすいようにします。

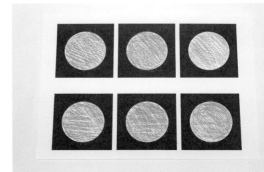

187 アレンジ② 太線ぬりえ

強み 「ミニブラックぬりえ」をクリアできる

教材の主な材料

- ぬりえを印刷した紙
- クレヨンや色鉛筆

オーダーメイドのポイント

　「ミニブラックぬりえ」を達成できたら，次のステップとして太線ぬりえに挑戦します。線は，少しずつ細くしていき難易度を上げていきます。線の中を塗れるように声かけします。

188 アレンジ③ 四色ぬりえ

強み じっくり考えながらぬりえを楽しむことが好き

教材の主な材料

- ぬりえを印刷した紙
- 色鉛筆や色ペン

オーダーメイドのポイント

　数学の四色定理を活用したぬりえの問題です。境界線で隣り合う面には同じ色を塗ってはいけない，というシンプルなルールですが，大人でも楽しめる教材です。

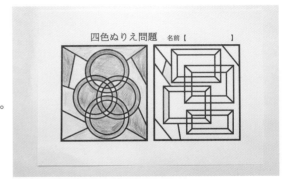

図画工作

ぬりえ

予定
昨日・今日・明日が何曜日か知る学習

189 ぐるぐる何曜日？
強み　目で見ると理解できる

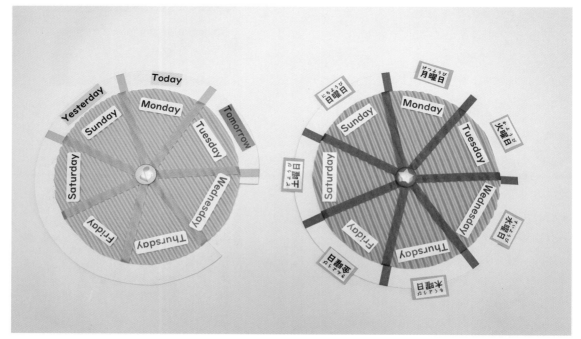

指導の流れ

①ひらがな，漢字，英語，それぞれの表記を確認する。

②教室の掲示スペースに常設して，子ども達全員が見られるようにする。

みとりのポイント

外国籍の子や英語を学習したい子と相談して作成した教材です。日本語も覚えたいけど，英語表記があると安心することができます。

教材のつくり方

・土台となる厚紙をまるく切る。

・ダンボール紙を回転して操作できるように土台よりも，一回り小さく切る

・曜日を書いたシールや紙を貼る。

・マスキングテープでそれぞれの曜日を区切る。

・掲示する場合は，中心に画鋲をさすだけでくるくる回る。

オーダーメイドのポイント

ダンボール紙で作成したことで，凹凸で回しやすくなりました。1年間常設することで，見る機会を増やします。また，回転させるための工夫としては，有孔ボードと木ダボの組み合わせでも簡単に作成できます。

190 アレンジ① ボタンつなぎ
強み 数字が読める，カラフルが好き

教材の主な材料
- フェルト（切り込みを入れる）　・数字シール
- ボタン　・糸

オーダーメイドのポイント
　数字の順番にボタンをはめていくことで，ドンドン長くなっていきます。長くなっていくと楽しくなり，夢中になってボタンの学習をします。

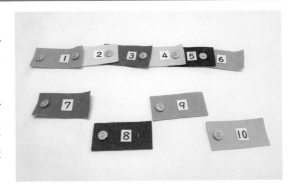

191 アレンジ② チャックできる君
強み ニコちゃんマークが好き

教材の主な材料
- 厚めの布　・ハンドメイド用チャック

オーダーメイドのポイント
　繰り返しチャックの開け閉めができるように作成した教材です。チャックの部分が細かったり，小さかったりすると，指でつまむことが難しくなるので，大きめのチャックを教材に活用します。

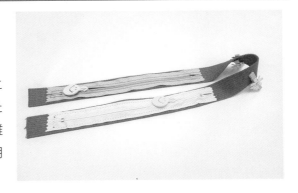

192 アレンジ③ リボンを結ぶちゃん
強み 花束が好き，リボンを結べるようになりたいという意欲がある

教材の主な材料
- 紙皿　・リボン　・フェルト
- ＊髪の毛や花束など，子ども達の好きなものをかわいくデザインする。

オーダーメイドのポイント
　固結びや蝶々結びなどができるようになりたい子には，机上で手指の動きを確認できるような教材を作成します。

日常生活の指導

予定

宿題
家庭でひらがな五十音の学習〜家庭学習の習慣をつける〜

193 一音一文字ポスター
強み　家のトイレに貼ってあると見る

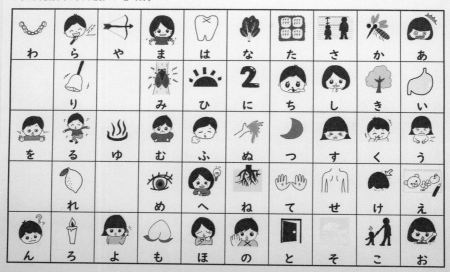

いるかどり教材ひらがな５０音表　「一音一文字」

指導の流れ
①学校でひらがな五十音の読み方を学習する。

②ポスターを指さししながら読んだり，読みたい行を目で追って読んだりする。

③家庭学習の約束を相談する。

④保護者と活用方法について共通理解をする。

みとりのポイント
　家庭学習の習慣をつけることが難しい場合には，まずは，「見るだけ」「聞くだけ」など，受動的に簡単に取り組める内容を検討します。ポスター式にすることで，トイレに座ったときに自然と目にすることができます。

教材のつくり方
• 一文字で表現できる語彙を使用して一音一文字の五十音表ポスターを作成する。

オーダーメイドのポイント
　トイレ，脱衣所など，刺激量の少ない空間にポスターを掲示することが大切です。リビングや玩具のある部屋などでは，刺激が多いため，ポスターを掲示する空間としては，適しません。

　一音一文字ポスターは，五十音をできる限り一文字の表情やもので表現しました。

194 アレンジ① なみなみ虫さん
強み　虫さんが好き

教材の主な材料
・布ひも　・透明シート　・フェルト

オーダーメイドのポイント

　ベルトなど，平らなものを通す学習です。虫がくねくね通っている様子をイメージして作成しました。ひもを太くすると取り組みやすくなります。また，シートを不透明にすると難易度が上がります。

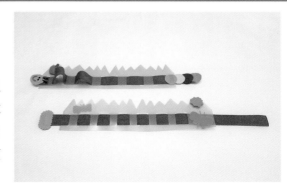

195 アレンジ② 果物の宝箱
強み　果物が好き

教材の主な材料
・プラスチックケース　・スポンジ
・果物のイラスト　・フェルト　・文字カード

オーダーメイドのポイント

　ケースに整頓して収納する学習です。しまう場所はわかるけど，ぐしゃっと詰め込んでしまう場合などに，絵合わせの楽しさを取り入れながら，スポンジをケースに入れます。

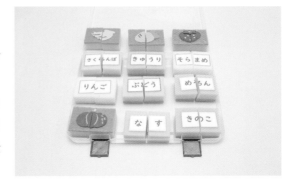

196 アレンジ③ ライオンのたてがみ
強み　ひもをつまむことができる

教材の主な学習
・紙皿　・糸　・ひも　・ストロー　・黒ペン

オーダーメイドのポイント

　糸で縫う動きの学習です。高学年などになると家庭科で裁縫を学習するので，日常生活の指導などの隙間時間に「スキルアップチャレンジ」として継続して取り組みます。ライオンなど顔を描くとかわいくなります。

ハサミ
ハサミの学習

197 美容師さん
強み　ごっこ遊びが好き，人形が好き

指導の流れ

①日常生活の指導で，髪型などの身だしなみの学習をする。

②鏡を見たり，くしで髪の毛を整えたり，清潔になる習慣を学習する。

③学習の後半にハサミの学習を取り入れ，人形の髪の毛をカットする。

④カットが完了したら，教師に伝える。

みとりのポイント

　ハサミの使い方を学びたい子が，作業的な学習ではなく，様々な素材でハサミの学習ができるように教材を用意します。

教材のつくり方

• トイレットペーパーに穴を開ける。

• 子どもがハサミで切りやすいように長めの毛糸を用意する。

• 穴に毛糸を通していく。

• トイレットペーパーに顔を描く。

オーダーメイドのポイント

　ハサミを使用するときには，安全に取り扱うことができるように，繰り返し伝えます。紙や毛糸などを切ることができるように，様々な素材を用意しますが，ツルツルしているなど切りにくい素材は使用しません。

198 アレンジ① 一発切りの料理屋さん
強み　料理が好き

教材の主な材料
- 色画用紙　・ハサミ　・紙皿

＊様々な色画用紙に線を描き，細長くする。
＊チャーハンなどに見立てて学ぶ。

オーダーメイドのポイント

　日常生活の指導で食事や料理について学習をした後に，ハサミの学習を取り入れました。一発切りできるサイズにして紙皿に入れます。

199 アレンジ② 歯ブラシ屋さん
強み　歯磨きを知っている

教材の主な材料
- 色画用紙　・ハサミ　・色ペン

オーダーメイドのポイント

　日常生活の指導で歯磨きや歯ブラシの使い方について学習をした後に，ハサミの学習を取り入れました。一発切りができるようになったら，止め切りに取り組みます。歯ブラシの毛だけを切れるように声かけします。

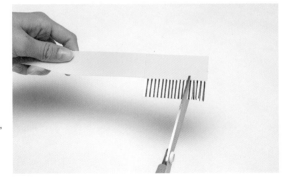

200 アレンジ③ チョキチョキタコさん
強み　動物や植物が好き

教材の主な材料
- 色画用紙　・動物などのイラスト
- 色ペン　・ハサミ

オーダーメイドのポイント

　様々な動物や植物などをモチーフにした教材です。切り落としたり，止めて切ったり，曲げて切ったり，習得したハサミのスキルを使って作品をつくります。

日常生活の指導

ハサミ

【著者紹介】

いるかどり

特別支援教育コーディネーター，まなび環境デザイナー，
学校心理士，幼稚園教諭，保育士，小学校教諭，
オンラインコミュニティ空に架かる橋Ⅰ代表
好きな食べ物：野菜がたくさん入ったシチュー
好きな色：雨が降った後に太陽の光が差し込んだ瞬間の空の色

【教材】

オリジナル教材である「教材データ集 ver.2023.Ame」や「目
と手と記憶 SUCTORY サクトリー」などの開発や提供を行っ
ている

【イベント企画・運営】

特別支援教育教材展示会（2021年 東京都，2022年 東京都，
2023年 京都府）のほか，全国各地で図画工作ワークショップ
や講演会を企画・運営している

【講師依頼】

info@irukadori.jp にご連絡ください

【情報発信】

Instagram

Instagram(@irukadori_akkyi)では，フォロワー約2.9万人
特別支援教育コーディネーターとして，特別支援教
育の実践や教材を紹介している

いるかどり

特別支援教育
子どもの強みをいかした　オーダーメイド教材200

2023年7月初版第1刷刊　©著者いるかどり
2024年1月初版第3刷刊　　発行者 藤 原 光 政
　　　　　　　　　　　　　発行所 明治図書出版株式会社
　　　　　　　　　　　　　http://www.meijitosho.co.jp
　　　　　　　　　　　　　（企画）佐藤智恵（校正）nojico
〒114-0023　東京都北区滝野川7-46-1
振替00160-5-151318　電話03(5907)6703
ご注文窓口　電話03(5907)6668

＊検印省略　　　　組版所 広研印刷株式会社

Printed in Japan　　　　　　　ISBN978-4-18-322721-8
もれなくクーポンがもらえる！読者アンケートはこちらから
→